Gotthold Ephraim Lessing
Emilia Galotti

Ein Trauerspiel in fünf Aufzügen

Anmerkungen
von Jan-Dirk Müller

Philipp Reclam jun. Stuttgart

Erläuterungen und Dokumente zu Lessings *Emilia Galotti*
liegen unter Nr. 8111 in Reclams Universal-Bibliothek
vor, eine Interpretation ist enthalten in dem Band *Lessings
Dramen* der Reihe »Interpretationen«, Universal-Bibliothek Nr. 8411.

◢ Für Schüler:
Lektüreschlüssel
zu *Emilia Galotti*
Universal-Bibliothek Nr. 15320

RECLAMS UNIVERSAL-BIBLIOTHEK Nr. 45
Alle Rechte vorbehalten
© 1970, 2001 Philipp Reclam jun. GmbH & Co., Stuttgart
Durchgesehene Ausgabe 2001
auf der Grundlage der neuen amtlichen Rechtschreibregeln
Gesamtherstellung: Reclam, Ditzingen. Printed in Germany 2005
RECLAM, UNIVERSAL-BIBLIOTHEK und
RECLAMS UNIVERSAL-BIBLIOTHEK sind eingetragene Marken
der Philipp Reclam jun. GmbH & Co., Stuttgart
ISBN 3-15-000045-9

www.reclam.de

Personen

EMILIA GALOTTI

ODOARDO und } GALOTTI, Eltern der Emilia
CLAUDIA

HETTORE GONZAGA, Prinz von Guastalla

MARINELLI, Kammerherr des Prinzen

CAMILLO ROTA, einer von des Prinzen Räten

CONTI, Maler

GRAF APPIANI

GRÄFIN ORSINA

ANGELO und einige Bediente

Erster Aufzug

Die Szene: ein Kabinett des Prinzen.

Erster Auftritt

DER PRINZ *an einem Arbeitstische, voller Briefschaften und Papiere, deren einige er durchläuft.*

Klagen, nichts als Klagen! Bittschriften, nichts als Bittschriften! – Die traurigen Geschäfte; und man beneidet uns noch! – Das glaub ich; wenn wir allen helfen könnten: dann wären wir zu beneiden. – Emilia? *(Indem er noch eine von den Bittschriften aufschlägt, und nach dem unterschriebenen Namen sieht.)* Eine Emilia? – Aber eine Emilia Bruneschi – nicht Galotti. Nicht Emilia Galotti! – Was will sie, diese Emilia Bruneschi? *(Er lieset.)* Viel gefodert; sehr viel. – Doch sie heißt Emilia. Gewährt! *(Er unterschreibt und klingelt; worauf ein Kammerdiener hereintritt.)* Es ist wohl noch keiner von den Räten in dem Vorzimmer?

DER KAMMERDIENER. Nein.

DER PRINZ. Ich habe zu früh Tag gemacht. – Der Morgen ist so schön. Ich will ausfahren. Marchese Marinelli soll mich begleiten. Lasst ihn rufen. *(Der Kammerdiener geht ab.)* – Ich kann doch nicht mehr arbeiten. – Ich war so ruhig, bild ich mir ein, so ruhig – Auf einmal muss eine arme Bruneschi, Emilia heißen: – weg ist meine Ruhe, und alles! –

DER KAMMERDIENER *(welcher wieder hereintritt).* Nach dem Marchese ist geschickt. Und hier, ein Brief von der Gräfin Orsina.

DER PRINZ. Der Orsina? Legt ihn hin.

DER KAMMERDIENER. Ihr Läufer wartet.

DER PRINZ. Ich will die Antwort senden; wenn es einer bedarf. – Wo ist sie? In der Stadt? oder auf ihrer Villa?

DER KAMMERDIENER. Sie ist gestern in die Stadt gekommen.

DER PRINZ. Desto schlimmer – besser; wollt ich sagen. So
   braucht der Läufer umso weniger zu warten. *(Der Kam-*
   merdiener geht ab.) Meine teure Gräfin! *(Bitter, indem er*
   den Brief in die Hand nimmt.) So gut, als gelesen! *(Und ihn*
   wieder wegwirft.) – Nun ja; ich habe sie zu lieben ge-   5
   glaubt! Was glaubt man nicht alles? Kann sein, ich habe
   sie auch wirklich geliebt. Aber – ich habe!
DER KAMMERDIENER *(der nochmals hereintritt).* Der Maler
   Conti will die Gnade haben – –
DER PRINZ. Conti? Recht wohl; lasst ihn hereinkommen. –   10
   Das wird mir andere Gedanken in den Kopf bringen. –
   (Steht auf.)

Zweiter Auftritt

CONTI. DER PRINZ.

DER PRINZ. Guten Morgen, Conti. Wie leben Sie? Was   15
   macht die Kunst?
CONTI. Prinz, die Kunst geht nach Brot.
DER PRINZ. Das muss sie nicht; das soll sie nicht, – in meinem kleinen Gebiete gewiss nicht. – Aber der Künstler
   muss auch arbeiten wollen.   20
CONTI. Arbeiten? Das ist seine Lust. Nur zu viel arbeiten
   müssen, kann ihn um den Namen Künstler bringen.
DER PRINZ. Ich meine nicht vieles; sondern viel: ein weniges;
   aber mit Fleiß. – Sie kommen doch nicht leer, Conti?
CONTI. Ich bringe das Porträt, welches Sie mir befohlen ha-   25
   ben, gnädiger Herr. Und bringe noch eines, welches Sie
   mir nicht befohlen: aber weil es gesehen zu werden verdient –
DER PRINZ. Jenes ist? – Kann ich mich doch kaum erin-
   nern –   30
CONTI. Die Gräfin Orsina.
DER PRINZ. Wahr! – Der Auftrag ist nur ein wenig von
   lange her.

CONTI. Unsere schönen Damen sind nicht alle Tage zum
Malen. Die Gräfin hat, seit drei Monaten, gerade Einmal
sich entschließen können, zu sitzen.
DER PRINZ. Wo sind die Stücke?
5 CONTI. In dem Vorzimmer: ich hole sie.

Dritter Auftritt

DER PRINZ.

Ihr Bild! – mag! – Ihr Bild, ist sie doch nicht selber. –
Und vielleicht find ich in dem Bilde wieder, was ich in der
10 Person nicht mehr erblicke. – Ich will es aber nicht wie-
derfinden. – Der beschwerliche Maler! Ich glaube gar, sie
hat ihn bestochen. – Wär es auch! Wenn ihr ein anderes
Bild, das mit andern Farben, auf einen andern Grund ge
malet ist, – in meinem Herzen wieder Platz machen will:
15 – Wahrlich, ich glaube, ich wär es zufrieden. Als ich dort
liebte, war ich immer so leicht, so fröhlich, so ausgelas-
sen. – Nun bin ich von allem das Gegenteil. – Doch nein;
nein, nein! Behäglicher, oder nicht behäglicher: ich bin so
besser.

20   ### Vierter Auftritt

DER PRINZ. CONTI *mit den Gemälden, wovon er das eine ver-*
                wandt gegen einen Stuhl lehnet.

CONTI *(indem er das andere zurechtstellet)*. Ich bitte, Prinz,
dass Sie die Schranken unserer Kunst erwägen wollen.
25 Vieles von dem Anzüglichsten der Schönheit liegt ganz
außer den Grenzen derselben. – Treten Sie so! –
DER PRINZ *(nach einer kurzen Betrachtung)*. Vortrefflich,
Conti; – ganz vortrefflich! – Das gilt Ihrer Kunst, Ihrem
Pinsel. – Aber geschmeichelt, Conti; ganz unendlich ge-
30 schmeichelt!

CONTI. Das Original schien dieser Meinung nicht zu sein. Auch ist es in der Tat nicht mehr geschmeichelt, als die Kunst schmeicheln muss. Die Kunst muss malen, wie sich die plastische Natur, – wenn es eine gibt – das Bild dachte: ohne den Abfall, welchen der widerstrebende Stoff unvermeidlich macht; ohne das Verderb, mit welchem die Zeit dagegen ankämpfet.

DER PRINZ. Der denkende Künstler ist noch eins so viel wert. – Aber das Original, sagen Sie, fand dem ungeachtet –

CONTI. Verzeihen Sie, Prinz. Das Original ist eine Person, die meine Ehrerbietung fodert. Ich habe nichts Nachteiliges von ihr äußern wollen.

DER PRINZ. So viel als Ihnen beliebt! – Und was sagte das Original?

CONTI. Ich bin zufrieden, sagte die Gräfin, wenn ich nicht hässlicher aussehe.

DER PRINZ. Nicht hässlicher? – O das wahre Original!

CONTI. Und mit einer Miene sagte sie das, – von der freilich dieses ihr Bild keine Spur, keinen Verdacht zeiget.

DER PRINZ. Das meint ich ja; das ist es eben, worin ich die unendliche Schmeichelei finde. – O! ich kenne sie, jene stolze höhnische Miene, die auch das Gesicht einer Grazie entstellen würde! – Ich leugne nicht, dass ein schöner Mund, der sich ein wenig spöttisch verziehet, nicht selten um so viel schöner ist. Aber, wohlgemerkt, ein wenig: die Verziehung muss nicht bis zur Grimasse gehen, wie bei dieser Gräfin. Und Augen müssen über den wollüstigen Spötter die Aufsicht führen, – Augen, wie die gute Gräfin nun gerade gar nicht hat. Auch nicht einmal hier im Bilde hat.

CONTI. Gnädiger Herr, ich bin äußerst betroffen –

DER PRINZ. Und worüber? Alles, was die Kunst aus den großen, hervorragenden, stieren, starren Medusenaugen der Gräfin Gutes machen kann, das haben Sie, Conti, redlich daraus gemacht. – Redlich, sag ich? – Nicht so redlich, wäre redlicher. Denn sagen Sie selbst, Conti, lässt

sich aus diesem Bilde wohl der Charakter der Person
schließen? Und das sollte doch. Stolz haben Sie in
Würde, Hohn in Lächeln, Ansatz zu trübsinniger
Schwärmerei in sanfte Schwermut verwandelt.

5 CONTI (*etwas ärgerlich*). Ah, mein Prinz, – wir Maler rechnen darauf, dass das fertige Bild den Liebhaber noch
ebenso warm findet, als warm er es bestellte. Wir malen
mit Augen der Liebe: und Augen der Liebe müssten uns
auch nur beurteilen.

10 DER PRINZ. Je nun, Conti; – warum kamen Sie nicht einen
Monat früher damit? – Setzen Sie weg. – Was ist das andere Stück?

CONTI (*indem er es holt, und noch verkehrt in der Hand hält*).
Auch ein weibliches Porträt.

15 DER PRINZ. So möcht ich es bald – lieber gar nicht sehen.
Denn dem Ideal hier, (*mit dem Finger auf die Stirne*) – oder
vielmehr hier, (*mit dem Finger auf das Herz*) kömmt es
doch nicht bei. – Ich wünschte, Conti, Ihre Kunst in andern Vorwürfen zu bewundern.

20 CONTI. Eine bewundernswürdigere Kunst gibt es; aber si-
cherlich keinen bewundernswürdigern Gegenstand, als
diesen.

DER PRINZ. So wett ich, Conti, dass es des Künstlers eigene
Gebieterin ist. – (*Indem der Maler das Bild umwendet.*)

25 Was seh ich? Ihr Werk, Conti? oder das Werk meiner
Phantasie? – Emilia Galotti!

CONTI. Wie, mein Prinz? Sie kennen diesen Engel?

DER PRINZ (*indem er sich zu fassen sucht, aber ohne ein Auge
von dem Bilde zu verwenden*). So halb! – um sie eben wie-

30 der zu kennen. – Es ist einige Wochen her, als ich sie mit
ihrer Mutter in einer Vegghia traf. – Nachher ist sie mir
nur an heiligen Stätten wieder vorgekommen, – wo das
Angaffen sich weniger ziemet. – Auch kenn ich ihren Vater. Er ist mein Freund nicht. Er war es, der sich meinen

35 Ansprüchen auf Sabionetta am meisten widersetzte. – Ein
alter Degen; stolz und rau; sonst bieder und gut! –

CONTI. Der Vater! Aber hier haben wir seine Tochter. –

DER PRINZ. Bei Gott! wie aus dem Spiegel gestohlen! *(Noch immer die Augen auf das Bild geheftet.)* O, Sie wissen es ja wohl, Conti, dass man den Künstler dann erst recht lobt, wenn man über sein Werk sein Lob vergisst.

CONTI. Gleichwohl hat mich dieses noch sehr unzufrieden mit mir gelassen. – Und doch bin ich wiederum sehr zufrieden mit meiner Unzufriedenheit mit mir selbst. – Ha! dass wir nicht unmittelbar mit den Augen malen! Auf dem langen Wege, aus dem Auge durch den Arm in den Pinsel, wie viel geht da verloren! – Aber, wie ich sage, dass ich es weiß, was hier verloren gegangen, und wie es verloren gegangen, und warum es verloren gehen müssen: darauf bin ich ebenso stolz, und stolzer, als ich auf alles das bin, was ich nicht verloren gehen lassen. Denn aus jenem erkenne ich, mehr als aus diesem, dass ich wirklich ein großer Maler bin; dass es aber meine Hand nur nicht immer ist. – Oder meinen Sie, Prinz, dass Raphael nicht das größte malerische Genie gewesen wäre, wenn er unglücklicherweise ohne Hände wäre geboren worden? Meinen Sie, Prinz?

DER PRINZ *(indem er nur eben von dem Bilde wegblickt)*. Was sagen Sie, Conti? Was wollen Sie wissen?

CONTI. O nichts, nichts! – Plauderei! Ihre Seele, merk ich, war ganz in Ihren Augen. Ich liebe solche Seelen, und solche Augen.

DER PRINZ *(mit einer erzwungenen Kälte)*. Also, Conti, rechnen Sie doch wirklich Emilia Galotti mit zu den vorzüglichsten Schönheiten unserer Stadt?

CONTI. Also? mit? mit zu den vorzüglichsten? und den vorzüglichsten unserer Stadt? – Sie spotten meiner, Prinz. Oder Sie sahen, die ganze Zeit, ebenso wenig, als Sie hörten.

DER PRINZ. Lieber Conti, – *(die Augen wieder auf das Bild gerichtet)* wie darf unsereiner seinen Augen trauen? Eigentlich weiß doch nur allein ein Maler von der Schönheit zu urteilen.

CONTI. Und eines jeden Empfindung sollte erst auf den
    Ausspruch eines Malers warten? – Ins Kloster mit dem,
    der es von uns lernen will, was schön ist! Aber das muss
    ich Ihnen doch als Maler sagen, mein Prinz: eine von den
5   größten Glückseligkeiten meines Lebens ist es, dass Emi-
    lia Galotti mir gesessen. Dieser Kopf, dieses Antlitz,
    diese Stirn, diese Augen, diese Nase, dieser Mund, dieses
    Kinn, dieser Hals, diese Brust, dieser Wuchs, dieser ganze
    Bau, sind, von der Zeit an, mein einziges Studium der
10 weiblichen Schönheit. – Die Schilderei selbst, wovor sie
    gesessen, hat ihr abwesender Vater bekommen. Aber
    diese Kopie –
DER PRINZ *(der sich schnell gegen ihn kehret)*. Nun, Conti? ist
    doch nicht schon versagt?
15 CONTI. Ist für Sie, Prinz; wenn Sie Geschmack daran finden.
DER PRINZ. Geschmack! – *(Lächelnd.)* Dieses Ihr Studium
    der weiblichen Schönheit, Conti, wie könnt ich besser
    tun, als es auch zu dem meinigen zu machen? – Dort, je-
    nes Porträt nehmen Sie nur wieder mit, – einen Rahmen
20 darum zu bestellen.
CONTI. Wohl!
DER PRINZ. So schön, so reich, als ihn der Schnitzer nur ma-
    chen kann. Es soll in der Galerie aufgestellet werden. –
    Aber dieses bleibt hier. Mit einem Studio macht man so
25 viel Umstände nicht: auch lässt man das nicht aufhängen;
    sondern hat es gern bei der Hand. – Ich danke Ihnen,
    Conti; ich danke Ihnen recht sehr. – Und wie gesagt: in
    meinem Gebiete soll die Kunst nicht nach Brot gehen;
    bis ich selbst keines habe. – Schicken Sie, Conti, zu mei-
30 nem Schatzmeister, und lassen Sie, auf Ihre Quittung, für
    beide Porträte sich bezahlen, – was Sie wollen. So viel Sie
    wollen, Conti.
CONTI. Sollte ich doch nun bald fürchten, Prinz, dass Sie so,
    noch etwas anders belohnen wollen, als die Kunst.
35 DER PRINZ. O des eifersüchtigen Künstlers! Nicht doch! –
    Hören Sie, Conti; so viel Sie wollen. *(Conti geht ab.)*

Fünfter Auftritt

DER PRINZ.

So viel er will! – *(Gegen das Bild.)* Dich hab ich für jeden
Preis noch zu wohlfeil. – Ah! schönes Werk der Kunst, ist
es wahr, dass ich dich besitze? – Wer dich auch besäße, 5
schönres Meisterstück der Natur! – Was Sie dafür wollen,
ehrliche Mutter! Was du willst, alter Murrkopf! Fodre
nur! Fodert nur! – Am liebsten kauft' ich dich, Zauberin,
von dir selbst! – Dieses Auge voll Liebreiz und Bescheidenheit! Dieser Mund! und wenn er sich zum Reden öff- 10
net! wenn er lächelt! Dieser Mund! – Ich höre kommen.
– Noch bin ich mit dir zu neidisch. *(Indem er das Bild gegen die Wand drehet.)* Es wird Marinelli sein. Hätt ich ihn
doch nicht rufen lassen! Was für einen Morgen könnt ich
haben! 15

Sechster Auftritt

MARINELLI. DER PRINZ.

MARINELLI. Gnädiger Herr, Sie werden verzeihen. – Ich war
mir eines so frühen Befehls nicht gewärtig.
DER PRINZ. Ich bekam Lust, auszufahren. Der Morgen war 20
so schön. – Aber nun ist er ja wohl verstrichen; und die
Lust ist mir vergangen. – *(Nach einem kurzen Stillschweigen.)* Was haben wir Neues, Marinelli?
MARINELLI. Nichts von Belang, das ich wüsste. – Die Gräfin
Orsina ist gestern zur Stadt gekommen. 25
DER PRINZ. Hier liegt auch schon ihr guter Morgen, *(auf ihren Brief zeigend)* oder was es sonst sein mag! Ich bin gar
nicht neugierig darauf. – Sie haben sie gesprochen?
MARINELLI. Bin ich, leider, nicht ihr Vertrauter? – Aber,
wenn ich es wieder von einer Dame werde, der es ein- 30
kömmt, Sie in gutem Ernste zu lieben, Prinz: so – –
DER PRINZ. Nichts verschworen, Marinelli!

MARINELLI. Ja? In der Tat, Prinz? Könnt es doch kommen?
– O! so mag die Gräfin auch so Unrecht nicht haben.

DER PRINZ. Allerdings, sehr Unrecht! – Meine nahe Vermählung mit der Prinzessin von Massa, will durchaus,
dass ich alle dergleichen Händel fürs Erste abbreche.

MARINELLI. Wenn es nur das wäre: so müsste freilich Orsina
sich in ihr Schicksal ebenso wohl zu finden wissen, als der
Prinz in seines.

DER PRINZ. Das unstreitig härter ist, als ihres. Mein Herz
wird das Opfer eines elenden Staatsinteresse. Ihres darf
sie nur zurücknehmen: aber nicht wider Willen verschen-
ken.

MARINELLI. Zurücknehmen? Warum zurücknehmen? fragt
die Gräfin: wenn es weiter nichts, als eine Gemahlin ist,
die dem Prinzen nicht die Liebe, sondern die Politik zu-
führet? Neben so einer Gemahlin sieht die Geliebte noch
immer ihren Platz. Nicht so einer Gemahlin fürchtet sie
aufgeopfert zu sein, sondern – –

DER PRINZ. Einer neuen Geliebten. – Nun denn? Wollten
Sie mir daraus ein Verbrechen machen, Marinelli?

MARINELLI. Ich? – O! vermengen Sie mich ja nicht, mein
Prinz, mit der Närrin, deren Wort ich führe, – aus Mitleid
führe. Denn gestern, wahrlich, hat sie mich sonderbar ge-
rührt. Sie wollte von ihrer Angelegenheit mit Ihnen gar
nicht sprechen. Sie wollte sich ganz gelassen und kalt stellen. Aber mitten in dem gleichgültigsten Gespräche, ent-
fuhr ihr eine Wendung, eine Beziehung über die andere,
die ihr gefoltertes Herz verriet. Mit dem lustigsten Wesen
sagte sie die melancholischsten Dinge: und wiederum die
lächerlichsten Possen mit der allertraurigsten Miene. Sie
hat zu den Büchern ihre Zuflucht genommen; und ich
fürchte, die werden <u>ihr den Rest geben.</u>

DER PRINZ. So wie sie ihrem armen Verstande auch den
ersten Stoß gegeben. – Aber was mich vornehmlich mit
von ihr entfernt hat, das wollen Sie doch nicht brauchen,
Marinelli, mich wieder zu ihr zurückzubringen? – Wenn

sie aus Liebe närrisch wird, so wäre sie es, früher oder
später, auch ohne Liebe geworden – Und nun, genug von
ihr. – Von etwas andern! – Geht denn gar nichts vor, in
der Stadt? –

MARINELLI. So gut, wie gar nichts. – Denn dass die Verbindung des Grafen Appiani heute vollzogen wird, – ist
nicht viel mehr, als gar nichts.

DER PRINZ. Des Grafen Appiani? und mit wem denn? – Ich
soll ja noch hören, dass er versprochen ist.

MARINELLI. Die Sache ist sehr geheim gehalten worden.
Auch war nicht viel Aufhebens davon zu machen. – Sie
werden lachen, Prinz. – Aber so geht es den Empfind-
samen! Die Liebe spielet ihnen immer die schlimmsten
Streiche. Ein Mädchen ohne Vermögen und ohne Rang,
hat ihn in ihre Schlinge zu ziehen gewusst, – mit ein wenig Larve: aber mit vielem Prunke von Tugend und Gefühl und Witz, – und was weiß ich?

DER PRINZ. Wer sich den Eindrücken, die Unschuld und
Schönheit auf ihn machen, ohne weitere Rücksicht, so
ganz überlassen darf; – ich dächte, der wäre eher zu beneiden, als zu belachen. – Und wie heißt denn die Glück-
liche? – Denn bei alledem ist Appiani – ich weiß wohl,
dass Sie, Marinelli, ihn nicht leiden können; ebenso wenig
als er Sie – bei alledem ist er doch ein sehr würdiger junger Mann, ein schöner Mann, ein reicher Mann, ein Mann
voller Ehre. Ich hätte sehr gewünscht, ihn mir verbinden
zu können. Ich werde noch darauf denken.

MARINELLI. Wenn es nicht zu spät ist. – Denn soviel ich
höre, ist sein Plan gar nicht, bei Hofe sein Glück zu machen. – Er will mit seiner Gebieterin nach seinen Tälern
von Piemont: – Gämsen zu jagen, auf den Alpen; und
Murmeltiere abzurichten. – Was kann er Besseres tun?
Hier ist es durch das Missbündnis, welches er trifft, mit
ihm doch aus. Der Zirkel der ersten Häuser ist ihm von
nun an verschlossen – –

DER PRINZ. Mit euren ersten Häusern! – in welchen das Ze-

remoniell, der Zwang, die Langeweile, und nicht selten
die Dürftigkeit herrschet. – Aber so nennen Sie mir sie
doch, der er dieses so große Opfer bringt.

MARINELLI. Es ist eine gewisse Emilia Galotti.

DER PRINZ. Wie, Marinelli? eine gewisse –

MARINELLI. Emilia Galotti.

DER PRINZ. Emilia Galotti? – Nimmermehr!

MARINELLI. Zuverlässig, gnädiger Herr.

DER PRINZ. Nein, sag ich; das ist nicht, das kann nicht sein.
– Sie irren sich in dem Namen. – Das Geschlecht der Galotti ist groß. – Eine Galotti kann es sein: aber nicht Emilia Galotti; nicht Emilia!

MARINELLI. Emilia – Emilia Galotti!

DER PRINZ. So gibt es noch eine, die beide Namen führt. –
Sie sagten ohnedem, eine gewisse Emilia Galotti – eine
gewisse. Von der rechten könnte nur ein Narr so sprechen –

MARINELLI. Sie sind außer sich, gnädiger Herr. – Kennen Sie
denn diese Emilia?

DER PRINZ. Ich habe zu fragen, Marinelli, nicht Er. – Emilia
Galotti? Die Tochter des Obersten Galotti, bei Sabionetta?

MARINELLI. Eben die.

DER PRINZ. Die hier in Guastalla mit ihrer Mutter wohnet?

MARINELLI. Eben die.

DER PRINZ. Unfern der Kirche Allerheiligen?

MARINELLI. Eben die.

DER PRINZ. Mit einem Worte – *(Indem er nach dem Porträte
springt und es dem Marinelli in die Hand gibt.)* Da! – Diese?
Diese Emilia Galotti? – Sprich dein verdammtes »Eben
die« noch einmal, und stoß mir den Dolch ins Herz!

MARINELLI. Eben die.

DER PRINZ. Henker! – Diese? – Diese Emilia Galotti wird
heute – –

MARINELLI. Gräfin Appiani! – *(Hier reißt der Prinz dem Marinelli das Bild wieder aus der Hand, und wirft es beiseite.)*

Die Trauung geschiehet in der Stille, auf dem Landgute
des Vaters bei Sabionetta. Gegen Mittag fahren Mutter
und Tochter, der Graf und vielleicht ein paar Freunde dahin ab.

DER PRINZ *(der sich voll Verzweiflung in einen Stuhl wirft)*. So   5
bin ich verloren! – So will ich nicht leben!

MARINELLI. Aber was ist Ihnen, gnädiger Herr?

DER PRINZ *(der gegen ihn wieder aufspringt)*. Verräter! – was
mir ist? – Nun ja ich liebe sie; ich bete sie an. Mögt ihr es
doch wissen! mögt ihr es doch längst gewusst haben, alle   10
ihr, denen ich der tollen Orsina schimpfliche Fesseln lieber ewig tragen sollte! – Nur dass Sie, Marinelli, der Sie
so oft mich Ihrer innigsten Freundschaft versicherten – O
ein Fürst hat keinen Freund! kann keinen Freund haben!
– dass Sie, Sie, so treulos, so hämisch mir bis auf diesen   15
Augenblick die Gefahr verhehlen dürfen, die meiner
Liebe drohte: wenn ich Ihnen jemals das vergebe, – so
werde mir meiner Sünden keine vergeben!

MARINELLI. Ich weiß kaum Worte zu finden, Prinz, – wenn
Sie mich auch dazu kommen ließen – Ihnen mein Erstau-   20
nen zu bezeigen. – Sie lieben Emilia Galotti? – Schwur
dann gegen Schwur: Wenn ich von dieser Liebe das Geringste gewusst, das Geringste vermutet habe; so möge
weder Engel noch Heiliger von mir wissen! – Eben das
wollt' ich in die Seele der Orsina schwören. Ihr Verdacht   25
schweift auf einer ganz andern Fährte.

DER PRINZ. So verzeihen Sie mir, Marinelli; – *(indem er sich
ihm in die Arme wirft)* und betauern Sie mich.

MARINELLI. Nun da, Prinz! Erkennen Sie da die Frucht
Ihrer Zurückhaltung! – »Fürsten haben keinen Freund!   30
können keinen Freund haben!« – Und die Ursache, wenn
dem so ist? – Weil sie keinen haben wollen. – Heute be-
ehren sie uns mit ihrem Vertrauen, teilen uns ihre ge-
heimsten Wünsche mit, schließen uns ihre ganze Seele
auf: und morgen sind wir ihnen wieder so fremd, als hät-   35
ten sie nie ein Wort mit uns gewechselt.

DER PRINZ. Ach! Marinelli, wie konnt ich Ihnen vertrauen,
was ich mir selbst kaum gestehen wollte?

MARINELLI. Und also wohl noch weniger der Urheberin
Ihrer Qual gestanden haben?

DER PRINZ. Ihr? – Alle meine Mühe ist vergebens gewesen,
sie ein zweites Mal zu sprechen. –

MARINELLI. Und das erste Mal –

DER PRINZ. Sprach ich sie – O, ich komme von Sinnen! Und
ich soll Ihnen noch lange erzählen? – Sie sehen mich einen Raub der Wellen: was fragen Sie viel, wie ich es geworden? Retten Sie mich, wenn Sie können: und fragen
Sie dann.

MARINELLI. Retten? ist da viel zu retten? – Was Sie versäumt
haben, gnädiger Herr, der Emilia Galotti zu bekennen,
das bekennen Sie nun der Gräfin Appiani. Waren, die
man aus der ersten Hand nicht haben kann, kauft man
aus der zweiten: – und solche Waren nicht selten aus der
zweiten um so viel wohlfeiler.

DER PRINZ. Ernsthaft, Marinelli, ernsthaft, oder –

MARINELLI. Freilich, auch um so viel schlechter – –

DER PRINZ. Sie werden unverschämt!

MARINELLI. Und dazu will der Graf damit aus dem Lande.
– Ja, so müsste man auf etwas anders denken. –

DER PRINZ. Und auf was? – Liebster, bester Marinelli, denken Sie für mich. Was würden Sie tun, wenn Sie an meiner Stelle wären?

MARINELLI. Vor allen Dingen, eine Kleinigkeit als eine Kleinigkeit ansehen; – und mir sagen, dass ich nicht vergebens sein wolle, was ich bin – Herr!

DER PRINZ. Schmeicheln Sie mir nicht mit einer Gewalt, von
der ich hier keinen Gebrauch absehe. – Heute sagen Sie?
schon heute?

MARINELLI. Erst heute – soll es geschehen. Und nur gesche-
henen Dingen ist nicht zu raten. – *(Nach einer kurzen
Überlegung.)* Wollen Sie mir freie Hand lassen, Prinz?
Wollen Sie alles genehmigen, was ich tue?

DER PRINZ. Alles, Marinelli, alles, was diesen Streich abwenden kann.

MARINELLI. So lassen Sie uns keine Zeit verlieren. – Aber bleiben Sie nicht in der Stadt. Fahren Sie sogleich nach Ihrem Lustschlosse, nach Dosalo. Der Weg nach Sabionetta geht da vorbei. Wenn es mir nicht gelingt, den Grafen augenblicklich zu entfernen: so denk ich – Doch, doch; ich glaube, er geht in diese Falle gewiss. Sie wollen ja, Prinz, wegen Ihrer Vermählung einen Gesandten nach Massa schicken? Lassen Sie den Grafen dieser Gesandte sein; mit dem Bedinge, dass er noch heute abreiset. – Verstehen Sie?

DER PRINZ. Vortrefflich! – Bringen Sie ihn zu mir heraus. Gehen Sie, eilen Sie. Ich werfe mich sogleich in den Wagen. *(Marinelli geht ab.)*

Siebenter Auftritt

DER PRINZ.

Sogleich! sogleich! – Wo blieb es? – *(Sich nach dem Porträte umsehend.)* Auf der Erde? das war zu arg! *(Indem er es aufhebt.)* Doch betrachten: betrachten mag ich dich fürs Erste nicht mehr. – Warum sollt ich mir den Pfeil noch tiefer in die Wunde drücken? *(Setzt es beiseite.)* – Geschmachtet, geseufzet hab ich lange genug, – länger als ich gesollt hätte: aber nichts getan! und über die zärtliche Untätigkeit bei einem Haar alles verloren! – Und wenn nun doch alles verloren wäre? Wenn Marinelli nichts ausrichtete? – Warum will ich mich auch auf ihn allein verlassen? Es fällt mir ein, – um diese Stunde, *(nach der Uhr sehend)* um diese nämliche Stunde pflegt das fromme Mädchen alle Morgen bei den Dominikanern die Messe zu hören. – Wie wenn ich sie da zu sprechen suchte? – Doch heute, heut an ihrem Hochzeittage, – heute werden ihr andere Dinge am Herzen liegen, als die Messe. – Indes,

wer weiß? – Es ist ein Gang. – *(Er klingelt, und indem er
einige von den Papieren auf dem Tische hastig zusammen-
rafft, tritt der Kammerdiener herein.)* Lasst vorfahren! – Ist
noch keiner von den Räten da?

5 DER KAMMERDIENER. Camillo Rota.

DER PRINZ. Er soll hereinkommen. *(Der Kammerdiener geht
ab.)* Nur aufhalten muss er mich nicht wollen. Dasmal
nicht! – Ich stehe gern seinen Bedenklichkeiten ein andermal um so viel länger zu Diensten. – Da war ja noch die

10 Bittschrift einer Emilia Bruneschi – *(Sie suchend.)* Die
ist's. – Aber, gute Bruneschi, wo deine Vorsprecherin – –

Achter Auftritt

CAMILLO ROTA, *Schriften in der Hand.* DER PRINZ.

DER PRINZ. Kommen Sie, Rota, kommen Sie. – Hier ist, was
15 ich diesen Morgen erbrochen. Nicht viel Tröstliches! – Sie
werden von selbst sehen, was darauf zu verfügen. – Nehmen Sie nur.

CAMILLO ROTA. Gut, gnädiger Herr.

DER PRINZ. Noch ist hier eine Bittschrift einer Emilia Ga-
20 lot- - Bruneschi will ich sagen. – Ich habe meine Bewilligung zwar schon beigeschrieben. Aber doch – die Sache
ist keine Kleinigkeit – Lassen Sie die Ausfertigung noch
anstehen. – Oder auch nicht anstehen: wie Sie wollen.

CAMILLO ROTA. Nicht wie ich will, gnädiger Herr.

25 DER PRINZ. Was ist sonst? Etwas zu unterschreiben?

CAMILLO ROTA. Ein Todesurteil wäre zu unterschreiben.

DER PRINZ. Recht gern. – Nur her! geschwind.

CAMILLO ROTA *(stutzig und den Prinzen starr ansehend).* Ein
Todesurteil, sagt ich.

30 DER PRINZ. Ich höre ja wohl. – Es könnte schon geschehen
sein. Ich bin eilig.

CAMILLO ROTA *(seine Schriften nachsehend).* Nun hab ich es
doch wohl nicht mitgenommen! – – Verzeihen Sie, gnä-

diger Herr. – Es kann Anstand damit haben bis morgen.

DER PRINZ. Auch das! – Packen Sie nur zusammen: ich muss
fort – Morgen, Rota, ein Mehres! *(Geht ab.)*

CAMILLO ROTA *(den Kopf schüttelnd, indem er die Papiere zu
sich nimmt und abgeht)*. Recht gern? – Ein Todesurteil
recht gern? – Ich hätt es ihn in diesem Augenblicke nicht
mögen unterschreiben lassen, und wenn es den Mörder
meines einzigen Sohnes betroffen hätte. – Recht gern!
recht gern! – Es geht mir durch die Seele dieses grässliche
Recht gern!

Zweiter Aufzug

Die Szene: ein Saal in dem Hause der Galotti.

Erster Auftritt

CLAUDIA GALOTTI. PIRRO.

CLAUDIA *(im Heraustreten zu Pirro, der von der andern Seite hereintritt).* Wer sprengte da in den Hof?

PIRRO. Unser Herr, gnädige Frau.

CLAUDIA. Mein Gemahl? Ist es möglich?

PIRRO. Er folgt mir auf dem Fuße.

CLAUDIA. So unvermutet? – *(Ihm entgegeneilend.)* Ach! mein Bester! –

Zweiter Auftritt

ODOARDO GALOTTI *und* DIE VORIGEN.

ODOARDO. Guten Morgen, meine Liebe! – Nicht wahr, das heißt überraschen?

CLAUDIA. Und auf die angenehmste Art! – Wenn es anders nur eine Überraschung sein soll.

ODOARDO. Nichts weiter! Sei unbesorgt. – Das Glück des heutigen Tages weckte mich so früh; der Morgen war so schön; der Weg ist so kurz; ich vermutete euch hier so geschäftig – Wie leicht vergessen sie etwas: fiel mir ein. – Mit einem Worte: ich komme, und sehe, und kehre sogleich wieder zurück. – Wo ist Emilia? Unstreitig beschäftigt mit dem Putze? –

CLAUDIA. Ihrer Seele! – Sie ist in der Messe. – Ich habe heute, mehr als jeden andern Tag, Gnade von oben zu erflehen, sagte sie, und ließ alles liegen, und nahm ihren Schleier, und eilte –

ODOARDO. Ganz allein?

CLAUDIA. Die wenigen Schritte – –

ODOARDO. Einer ist genug zu einem Fehltritt! –

CLAUDIA. Zürnen Sie nicht, mein Bester; und kommen Sie
herein, – einen Augenblick auszuruhen, und, wann Sie
wollen, eine Erfrischung zu nehmen.

ODOARDO. Wie du meinest, Claudia. – Aber sie sollte nicht   5
allein gegangen sein. –

CLAUDIA. Und Ihr, Pirro, bleibt hier in dem Vorzimmer, alle
Besuche auf heute zu verbitten.

Dritter Auftritt

PIRRO *und bald darauf* ANGELO.   10

PIRRO. Die sich nur aus Neugierde melden lassen. – Was bin
ich seit einer Stunde nicht alles ausgefragt worden! – Und
wer kömmt da?

ANGELO *(noch halb hinter der Szene, in einem kurzen Mantel,
den er über das Gesicht gezogen, den Hut in die Stirne).*   15
Pirro! – Pirro!

PIRRO. Ein Bekannter? – *(Indem Angelo vollends hereintritt,
und den Mantel auseinander schlägt.)* Himmel! Angelo? –
Du?

ANGELO. Wie du siehst. – Ich bin lange genug um das Haus   20
herumgegangen, dich zu sprechen. – Auf ein Wort! –

PIRRO. Und du wagst es, wieder ans Licht zu kommen? –
Du bist seit deiner letzten Mordtat vogelfrei erkläret; auf
deinen Kopf steht eine Belohnung –

ANGELO. Die doch du nicht wirst verdienen wollen? –   25

PIRRO. Was willst du? Ich bitte dich, mache mich nicht un-
glücklich.

ANGELO. Damit etwa? *(Ihm einen Beutel mit Gelde zeigend.)*
– Nimm! Es gehöret dir!

PIRRO. Mir?   30

ANGELO. Hast du vergessen? Der Deutsche, dein voriger
Herr, – –

PIRRO. Schweig davon!

ANGELO. Den du uns, auf dem Wege nach Pisa, in die Falle
führtest –

PIRRO. Wenn uns jemand hörte!

ANGELO. Hatte ja die Güte, uns auch einen kostbaren Ring
5　zu hinterlassen. – Weißt du nicht? – Er war zu kostbar,
der Ring, als dass wir ihn sogleich ohne Verdacht hätten
zu Gelde machen können. Endlich ist mir es damit gelungen. Ich habe hundert Pistolen dafür erhalten: und das ist
dein Anteil. Nimm!

10　PIRRO. Ich mag nichts, – behalt alles.

ANGELO. Meinetwegen! – wenn es dir gleichviel ist, wie
hoch du deinen Kopf feil trägst – *(Als ob er den Beutel wieder einstecken wollte.)*

PIRRO. So gib nur! *(Nimmt ihn.)* – Und was nun? Denn dass
15　du bloß deswegen mich aufgesucht haben solltest – –

ANGELO. Das kömmt dir nicht so recht glaublich vor? – Ha-
lunke! Was denkst du von uns? – dass wir fähig sind, jemand seinen Verdienst vorzuenthalten? Das mag unter
den so genannten ehrlichen Leuten Mode sein: unter uns
20　nicht. – Leb wohl! – *(Tut als ob er gehen wollte, und kehrt
wieder um.)* Eins muss ich doch fragen. – Da kam ja der
alte Galotti so ganz allein in die Stadt gesprengt. Was will
der?

PIRRO. Nichts will er: ein bloßer Spazierritt. Seine Tochter
25　wird, heut Abend, auf dem Gute, von dem er herkömmt,
dem Grafen Appiani angetrauet. Er kann die Zeit nicht
erwarten –

ANGELO. Und reitet bald wieder hinaus?

PIRRO. So bald, dass er dich hier trifft, wo du noch lange
30　verziehest. – Aber du hast doch keinen Anschlag auf ihn?
Nimm dich in Acht. Er ist ein Mann –

ANGELO. Kenn ich ihn nicht? Hab ich nicht unter ihm ge-
dienet? – Wenn darum bei ihm nur viel zu holen wäre! –
Wenn fahren die junge Leute nach?

35　PIRRO. Gegen Mittag.

ANGELO. Mit viel Begleitung?

PIRRO. In einem einzigen Wagen: die Mutter, die Tochter
und der Graf. Ein paar Freunde kommen aus Sabionetta
als Zeugen.

ANGELO. Und Bediente?

PIRRO. Nur zwei; außer mir, der ich zu Pferde voraufreiten   5
soll.

ANGELO. Das ist gut. – Noch eins: wessen ist die Equipage?
Ist es eure? oder des Grafen?

PIRRO. Des Grafen.

ANGELO. Schlimm! Da ist noch ein Vorreiter, außer einem   10
handfesten Kutscher. Doch! –

PIRRO. Ich erstaune. Aber was willst du? – Das bisschen
Schmuck, das die Braut etwa haben dürfte, wird schwerlich der Mühe lohnen –

ANGELO. So lohnt ihrer die Braut selbst!   15

PIRRO. Und auch bei diesem Verbrechen soll ich dein Mit-
schuldiger sein?

ANGELO. Du reitest vorauf. Reite doch, reite! und kehre
dich an nichts!

PIRRO. Nimmermehr!   20

ANGELO. Wie? ich glaube gar, du willst den Gewissenhaften
spielen. – Bursche! ich denke, du kennst mich. – Wo du
plauderst! Wo sich ein einziger Umstand anders findet,
als du mir ihn angegeben!

PIRRO. Aber, Angelo, um des Himmels willen! –   25

ANGELO. Tu, was du nicht lassen kannst! *(Geht ab.)*

PIRRO. Ha! Lass dich den Teufel bei einem Haare fassen;
und du bist sein auf ewig! Ich Unglücklicher!

Vierter Auftritt

ODOARDO *und* CLAUDIA GALOTTI. PIRRO.   30

ODOARDO. Sie bleibt mir zu lang aus –

CLAUDIA. Noch einen Augenblick, Odoardo! Es würde sie
schmerzen, deines Anblicks so zu verfehlen.

ODOARDO. Ich muss auch bei dem Grafen noch einsprechen.
Kaum kann ich's erwarten, diesen würdigen jungen Mann
meinen Sohn zu nennen. Alles entzückt mich an ihm.
Und vor allem der Entschluss, in seinen väterlichen Tä-
5 lern sich selbst zu leben.

CLAUDIA. Das Herz bricht mir, wenn ich hieran gedenke. –
So ganz sollen wir sie verlieren, diese einzige geliebte
Tochter?

ODOARDO. Was nennst du, sie verlieren? Sie in den Armen
10 der Liebe zu wissen? Vermenge dein Vergnügen an ihr,
nicht mit ihrem Glücke. – Du möchtest meinen alten
Argwohn erneuern: – dass es mehr das Geräusch und die
Zerstreuung der Welt, mehr die Nähe des Hofes war, als
die Notwendigkeit, unserer Tochter eine anständige Er-
15 ziehung zu geben, was dich bewog, hier in der Stadt mit
ihr zu bleiben; – fern von einem Manne und Vater, der
euch so herzlich liebet.

CLAUDIA. Wie ungerecht, Odoardo! Aber lass mich heute
nur ein Einziges für diese Stadt, für diese Nähe des Hofes
20 sprechen, die deiner strengen Tugend so verhasst sind. –
Hier, nur hier konnte die Liebe zusammenbringen, was
füreinander geschaffen war. Hier nur konnte der Graf
Emilien finden; und fand sie.

ODOARDO. Das räum ich ein. Aber, gute Claudia, hattest du
25 darum Recht, weil dir der Ausgang Recht gibt? – Gut,
dass es mit dieser Stadterziehung so abgelaufen! Lasst
uns nicht weise sein wollen, wo wir nichts, als glücklich
gewesen! Gut, dass es so damit abgelaufen! – Nun haben
sie sich gefunden, die füreinander bestimmt waren: nun
30 lass sie ziehen, wohin Unschuld und Ruhe sie rufen. –
Was sollte der Graf hier? Sich bücken, schmeicheln und
kriechen, und die Marinellis auszustechen suchen? um
endlich ein Glück zu machen, dessen er nicht bedarf? um
endlich einer Ehre gewürdiget zu werden, die für ihn
35 keine wäre? – Pirro!

PIRRO. Hier bin ich.

ODOARDO. Geh und führe mein Pferd vor das Haus des
Grafen. Ich komme nach, und will mich da wieder aufset-
zen. *(Pirro geht ab.)* – Warum soll der Graf hier dienen,
wenn er dort selbst befehlen kann? – Dazu bedenkest du
nicht, Claudia, dass durch unsere Tochter er es vollends   5
mit dem Prinzen verderbt. Der Prinz hasst mich –
CLAUDIA. Vielleicht weniger, als du besorgest.
ODOARDO. Besorgest! Ich besorg auch so was!
CLAUDIA. Denn hab ich dir schon gesagt, dass der Prinz
unsere Tochter gesehen hat?   10
ODOARDO. Der Prinz? Und wo das?
CLAUDIA. In der letzten Vegghia, bei dem Kanzler Grimaldi,
die er mit seiner Gegenwart beehrte. Er bezeigte sich
gegen sie so gnädig – –
ODOARDO. So gnädig?   15
CLAUDIA. Er unterhielt sich mit ihr so lange – –
ODOARDO. Unterhielt sich mit ihr?
CLAUDIA. Schien von ihrer Munterkeit und ihrem Witze so
bezaubert – –
ODOARDO. So bezaubert? –   20
CLAUDIA. Hat von ihrer Schönheit mit so vielen Lobeserhe-
bungen gesprochen – –
ODOARDO. Lobeserhebungen? Und das alles erzählst du
mir in einem Tone der Entzückung? O Claudia! Claudia!
eitle, törichte Mutter!   25
CLAUDIA. Wieso?
ODOARDO. Nun gut, nun gut! Auch das ist so abgelaufen. –
Ha! wenn ich mir einbilde – Das gerade wäre der Ort, wo
ich am tödlichsten zu verwunden bin! – Ein Wollüstling,
der bewundert, begehrt. – Claudia! Claudia! der bloße   30
Gedanke setzt mich in Wut. – Du hättest mir das sogleich
sollen gemeldet haben. – Doch, ich möchte dir heute
nicht gern etwas Unangenehmes sagen. Und ich würde,
(indem sie ihn bei der Hand ergreift) wenn ich länger
bliebe. – Drum lass mich! lass mich! – Gott befohlen,   35
Claudia! – Kommt glücklich nach!

Fünfter Auftritt

CLAUDIA GALOTTI.

Welch ein Mann! – O, der rauen Tugend! – wenn anders
sie diesen Namen verdienet. – Alles scheint ihr verdäch-
5 tig, alles strafbar! – Oder, wenn das die Menschen kennen
heißt: – wer sollte sich wünschen, sie zu kennen? – Wo
bleibt aber auch Emilia? – Er ist des Vaters Feind: folglich
– folglich, wenn er ein Auge für die Tochter hat, so ist es
einzig, um ihn zu beschimpfen? –

10 ## Sechster Auftritt

EMILIA *und* CLAUDIA GALOTTI.

EMILIA *(stürzet in einer ängstlichen Verwirrung herein).* Wohl
mir! wohl mir! Nun bin ich in Sicherheit. Oder ist er mir
gar gefolgt? *(Indem sie den Schleier zurückwirft und ihre*
15 *Mutter erblicket).* Ist er, meine Mutter? ist er? – Nein, dem
Himmel sei Dank!
CLAUDIA. Was ist dir, meine Tochter? was ist dir?
EMILIA. Nichts, nichts –
CLAUDIA. Und blickest so wild um dich? Und zitterst an
20 jedem Gliede?
EMILIA. Was hab ich hören müssen? Und wo, wo hab ich es
hören müssen?
CLAUDIA. Ich habe dich in der Kirche geglaubt –
EMILIA. Eben da! Was ist dem Laster Kirch und Altar? –
25 Ach, meine Mutter! *(Sich ihr in die Arme werfend.)*
CLAUDIA. Rede, meine Tochter! – Mach meiner Furcht ein
Ende. – Was kann dir da, an heiliger Stätte, so Schlimmes
begegnet sein?
EMILIA. Nie hätte meine Andacht inniger, brünstiger sein
30 sollen, als heute: nie ist sie weniger gewesen, was sie sein
sollte.
CLAUDIA. Wir sind Menschen, Emilia. Die Gabe zu beten ist

nicht immer in unserer Gewalt. Dem Himmel ist beten
wollen, auch beten.

EMILIA. Und sündigen wollen, auch sündigen.

CLAUDIA. Das hat meine Emilia nicht wollen!

EMILIA. Nein, meine Mutter; so tief ließ mich die Gnade   5
nicht sinken. – Aber dass fremdes Laster uns, wider
unsern Willen, zu Mitschuldigen machen kann!

CLAUDIA. Fasse dich! – Sammle deine Gedanken, soviel dir
möglich. – Sag es mir mit eins, was dir geschehen.

EMILIA. Eben hatt ich mich – weiter von dem Altare, als ich   10
sonst pflege, – denn ich kam zu spät – auf meine Knie gelassen. Eben fing ich an, mein Herz zu erheben: als dicht
hinter mir etwas seinen Platz nahm. So dicht hinter mir!
– Ich konnte weder vor, noch zur Seite rücken, – so gern
ich auch wollte; aus Furcht, dass eines andern Andacht   15
mich in meiner stören möchte. – Andacht! das war das
Schlimmste, was ich besorgte. – Aber es währte nicht
lange, so hört ich, ganz nah an meinem Ohre, – nach einem tiefen Seufzer, – nicht den Namen einer Heiligen, –
den Namen, – zürnen Sie nicht, meine Mutter – den Na-   20
men Ihrer Tochter! – Meinen Namen! – O dass laute
Donner mich verhindert hätten, mehr zu hören! – Es
sprach von Schönheit, von Liebe – Es klagte, dass dieser
Tag, welcher mein Glück mache, – wenn er es anders mache – sein Unglück auf immer entscheide. – Es beschwor   25
mich – hören musst ich dies alles. Aber ich blickte nicht
um; ich wollte tun, als ob ich es nicht hörte. – Was konnt
ich sonst? – Meinen guten Engel bitten, mich mit Taub-
heit zu schlagen; und wann auch, wann auch auf immer!
– Das bat ich; das war das Einzige, was ich beten konnte.   30
– Endlich ward es Zeit, mich wieder zu erheben. Das heilige Amt ging zu Ende. Ich zitterte, mich umzukehren.
Ich zitterte, ihn zu erblicken, der sich den Frevel erlauben dürfen. Und da ich mich umwandte, da ich ihn er-
blickte –   35

CLAUDIA. Wen, meine Tochter?

EMILIA. Raten Sie, meine Mutter; raten Sie – Ich glaubte in
die Erde zu sinken – Ihn selbst.

CLAUDIA. Wen, ihn selbst?

EMILIA. Den Prinzen.

5 CLAUDIA. Den Prinzen! – O gesegnet sei die Ungeduld deines Vaters, der eben hier war, und dich nicht erwarten
wollte!

EMILIA. Mein Vater hier? – und wollte mich nicht erwarten?

CLAUDIA. Wenn du in deiner Verwirrung auch ihn das hät-
10 test hören lassen!

EMILIA. Nun, meine Mutter? – Was hätt er an mir Strafbares
finden können?

CLAUDIA. Nichts; ebenso wenig, als an mir. Und doch, doch
– Ha, du kennest deinen Vater nicht! In seinem Zorne
15 hätt er den unschuldigen Gegenstand des Verbrechens
mit dem Verbrecher verwechselt. In seiner Wut hätt ich
ihm geschienen, das veranlasst zu haben, was ich weder
verhindern, noch vorhersehen können. – Aber weiter,
meine Tochter, weiter! Als du den Prinzen erkanntest –
20 Ich will hoffen, dass du deiner mächtig genug warest, ihm
in Einem Blicke alle die Verachtung zu bezeigen, die er
verdienet.

EMILIA. Das war ich nicht, meine Mutter! Nach dem Blicke,
mit dem ich ihn erkannte, hatt ich nicht das Herz, einen
25 zweiten auf ihn zu richten. Ich floh –

CLAUDIA. Und der Prinz dir nach –

EMILIA. Was ich nicht wusste, bis ich in der Halle mich bei
der Hand ergriffen fühlte. Und von ihm! Aus Scham
musst ich standhalten: mich von ihm loszuwinden, würde
30 die Vorbeigehenden zu aufmerksam auf uns gemacht haben. Das war die einzige Überlegung, deren ich fähig war
– oder deren ich nun mich wieder erinnere. Er sprach;
und ich hab ihm geantwortet. Aber was er sprach, was ich
ihm geantwortet; – fällt mir es noch bei, so ist es gut, so
35 will ich es Ihnen sagen, meine Mutter. Jetzt weiß ich von
dem allen nichts. Meine Sinne hatten mich verlassen. –

Umsonst denk ich nach, wie ich von ihm weg, und aus
der Halle gekommen. Ich finde mich erst auf der Straße
wieder; und höre ihn hinter mir herkommen; und höre
ihn mit mir zugleich in das Haus treten, mit mir die
Treppe hinaufsteigen – – 5

CLAUDIA. Die Furcht hat ihren besondern Sinn, meine Tochter! – Ich werde es nie vergessen, mit welcher Gebärde du
hereinstürztest. – Nein, so weit durfte er nicht wagen, dir
zu folgen. – Gott! Gott! wenn dein Vater das wüsste! –
Wie wild er schon war, als er nur hörte, dass der Prinz 10
dich jüngst nicht ohne Missfallen gesehen! – Indes, sei ruhig, meine Tochter! Nimm es für einen Traum, was dir
begegnet ist. Auch wird es noch weniger Folgen haben,
als ein Traum. Du entgehest heute mit eins allen Nach-
stellungen. 15

EMILIA. Aber, nicht, meine Mutter? Der Graf muss das wissen. Ihm muss ich es sagen.

CLAUDIA. Um alle Welt nicht! – Wozu? warum? Willst du
für nichts, und wieder für nichts ihn unruhig machen?
Und wann er es auch itzt nicht würde: wisse, mein Kind, 20
dass ein Gift, welches nicht gleich wirket, darum kein
minder gefährliches Gift ist. Was auf den Liebhaber keinen Eindruck macht, kann ihn auf den Gemahl machen.
Den Liebhaber könnt es sogar schmeicheln, einem so
wichtigen Mitbewerber den Rang abzulaufen. Aber wenn 25
er ihm den nun einmal abgelaufen hat: ah! mein Kind, –
so wird aus dem Liebhaber oft ein ganz anderes Ge-
schöpf. Dein gutes Gestirn behüte dich vor dieser Erfah-
rung.

EMILIA. Sie wissen, meine Mutter, wie gern ich Ihren bes- 30
sern Einsichten mich in allem unterwerfe. – Aber, wenn
er es von einem andern erführe, dass der Prinz mich
heute gesprochen? Würde mein Verschweigen nicht, früh
oder spät, seine Unruhe vermehren? – Ich dächte doch,
ich behielte lieber vor ihm nichts auf dem Herzen. 35

CLAUDIA. Schwachheit! verliebte Schwachheit! – Nein,

durchaus nicht, meine Tochter! Sag ihm nichts. Lass ihn
nichts merken!

EMILIA. Nun ja, meine Mutter! Ich habe keinen Willen gegen den Ihrigen. – Aha! *(Mit einem tiefen Atemzuge.)*
5 Auch wird mir wieder ganz leicht. – Was für ein albernes,
furchtsames Ding ich bin! – Nicht, meine Mutter? – Ich
hätte mich noch wohl anders dabei nehmen können, und
würde mir ebenso wenig vergeben haben.

CLAUDIA. Ich wollte dir das nicht sagen, meine Tochter, be-
10 vor dir es dein eigner gesunder Verstand sagte. Und ich
wusste, er würde dir es sagen, sobald du wieder zu dir
selbst gekommen. – Der Prinz ist galant. Du bist die unbedeutende Sprache der Galanterie zu wenig gewohnt.
Eine Höflichkeit wird in ihr zur Empfindung; eine
15 Schmeichelei zur Beteurung; ein Einfall zum Wunsche;
ein Wunsch zum Vorsatze. Nichts klingt in dieser Sprache
wie Alles: und Alles ist in ihr so viel als Nichts.

EMILIA. O meine Mutter! – so müsste ich mir mit meiner
Furcht vollends lächerlich vorkommen! – Nun soll er ge-
20 wiss nichts davon erfahren, mein guter Appiani! Er
könnte mich leicht für mehr eitel, als tugendhaft, halten.
– Hui! dass er da selbst kömmt! Es ist sein Gang.

Siebenter Auftritt

GRAF APPIANI. DIE VORIGEN.

25 APPIANI *(tritt tiefsinnig, mit vor sich hin geschlagenen Augen*
herein, und kömmt näher, ohne sie zu erblicken; bis Emilia
ihm entgegenspringt). Ah, meine Teuerste! – Ich war mir
Sie in dem Vorzimmer nicht vermutend.

EMILIA. Ich wünschte Sie heiter, Herr Graf, auch wo Sie
30 mich nicht vermuten. – So feierlich? so ernsthaft? – Ist
dieser Tag keiner freudigern Aufwallung wert?

APPIANI. Er ist mehr wert, als mein ganzes Leben. Aber
schwanger mit so viel Glückseligkeit für mich, – mag es

wohl diese Glückseligkeit selbst sein, die mich so ernst,
die mich, wie Sie es nennen, mein Fräulein, so feierlich
macht. – *(Indem er die Mutter erblickt.)* Ha! auch Sie hier,
meine gnädige Frau! – nun bald mir mit einem innigern
Namen zu verehrende!   5

CLAUDIA. Der mein größter Stolz sein wird! – Wie glücklich
bist du, meine Emilia! – Warum hat dein Vater unsere
Entzückung nicht teilen wollen?

APPIANI. Eben habe ich mich aus seinen Armen gerissen: –
oder vielmehr er, sich aus meinen. – Welch ein Mann,   10
meine Emilia, Ihr Vater! Das Muster aller männlichen
Tugend! Zu was für Gesinnungen erhebt sich meine Seele
in seiner Gegenwart! Nie ist mein Entschluss immer gut,
immer edel zu sein, lebendiger, als wenn ich ihn sehe –
wenn ich ihn mir denke. Und womit sonst, als mit der   15
Erfüllung dieses Entschlusses kann ich mich der Ehre
würdig machen, sein Sohn zu heißen; – der Ihrige zu sein,
meine Emilia?

EMILIA. Und er wollte mich nicht erwarten!

APPIANI. Ich urteile, weil ihn seine Emilia, für diesen augen-   20
blicklichen Besuch, zu sehr erschüttert, zu sehr sich seiner
ganzen Seele bemächtiget hätte.

CLAUDIA. Er glaubte dich mit deinem Brautschmucke beschäftiget zu finden: und hörte –

APPIANI. Was ich mit der zärtlichsten Bewunderung wieder   25
von ihm gehört habe. – So recht, meine Emilia! Ich werde
eine fromme Frau an Ihnen haben; und die nicht stolz auf
ihre Frömmigkeit ist.

CLAUDIA. Aber, meine Kinder, eines tun, und das andere
nicht lassen! – Nun ist es hohe Zeit; nun mach, Emilia!   30

APPIANI. Was? meine gnädige Frau.

CLAUDIA. Sie wollen sie doch nicht so, Herr Graf, so wie sie
da ist, zum Altare führen?

APPIANI. Wahrlich, das werd ich nun erst gewahr. – Wer
kann Sie sehen, Emilia, und auch auf Ihren Putz achten?   35
– Und warum nicht so, so wie sie da ist?

EMILIA. Nein, mein lieber Graf, nicht so; nicht ganz so. Aber auch nicht viel prächtiger; nicht viel. – Husch, husch, und ich bin fertig! – Nichts, gar nichts von dem Geschmeide, dem letzten Geschenke Ihrer verschwende-
5 rischen Großmut! Nichts, gar nichts, was sich nur zu solchem Geschmeide schickte! – Ich könnte ihm gram sein, diesem Geschmeide, wenn es nicht von Ihnen wäre. – Denn dreimal hat mir von ihm geträumet –

CLAUDIA. Nun! davon weiß ich ja nichts.

10 EMILIA. Als ob ich es trüge, und als ob plötzlich sich jeder Stein desselben in eine Perle verwandele. – Perlen aber, meine Mutter, Perlen bedeuten Tränen.

CLAUDIA. Kind! Die Bedeutung ist träumerischer, als der Traum. – Warest du nicht von jeher eine größere Liebha-
15 berin von Perlen, als von Steinen?

EMILIA. Freilich, meine Mutter, freilich –

APPIANI *(nachdenkend und schwermütig).* Bedeuten Tränen – bedeuten Tränen!

EMILIA. Wie? Ihnen fällt das auf? Ihnen?

20 APPIANI. Jawohl; ich sollte mich schämen. – Aber, wenn die Einbildungskraft einmal zu traurigen Bildern gestimmt ist –

EMILIA. Warum ist sie das auch? – Und was meinen Sie, das ich mir ausgedacht habe? – Was trug ich, wie sah ich, als
25 ich Ihnen zuerst gefiel? – Wissen Sie es noch?

APPIANI. Ob ich es noch weiß? Ich sehe Sie in Gedanken nie anders, als so; und sehe Sie so, auch wenn ich Sie nicht so sehe.

EMILIA. Also, ein Kleid von der nämlichen Farbe, von dem
30 nämlichen Schnitte; fliegend und frei –

APPIANI. Vortrefflich!

EMILIA. Und das Haar –

APPIANI. In seinem eignen braunen Glanze; in Locken, wie sie die Natur schlug –

35 EMILIA. Die Rose darin nicht zu vergessen! Recht! recht! – Eine kleine Geduld, und ich stehe so vor Ihnen da!

Achter Auftritt

GRAF APPIANI. CLAUDIA GALOTTI.

APPIANI *(indem er ihr mit einer niedergeschlagenen Miene nachsieht).* Perlen bedeuten Tränen! – Eine kleine Geduld! – Ja, wenn die Zeit nur außer uns wäre! – Wenn eine Minute am Zeiger, sich in uns nicht in Jahre ausdehnen könnte! – 5

CLAUDIA. Emiliens Beobachtung, Herr Graf, war so schnell, als richtig. Sie sind heut ernster als gewöhnlich. Nur noch einen Schritt von dem Ziele Ihrer Wünsche, – sollt es 10 Sie reuen, Herr Graf, dass es das Ziel Ihrer Wünsche gewesen?

APPIANI. Ah, meine Mutter, und Sie können das von Ihrem Sohne argwohnen? – Aber, es ist wahr; ich bin heut ungewöhnlich trübe und finster. – Nur sehen Sie, gnädige 15 Frau; – noch Einen Schritt vom Ziele, oder noch gar nicht ausgelaufen sein, ist im Grunde eines. – Alles was ich sehe, alles was ich höre, alles was ich träume, prediget mir seit gestern und ehegestern diese Wahrheit. Dieser Eine Gedanke kettet sich an jeden andern, den ich haben muss 20 und haben will. – Was ist das? Ich versteh es nicht. –

CLAUDIA. Sie machen mich unruhig, Herr Graf –

APPIANI. Eines kömmt dann zum andern! – Ich bin ärgerlich; ärgerlich über meine Freunde, über mich selbst –

CLAUDIA. Wieso? 25

APPIANI. Meine Freunde verlangen schlechterdings, dass ich dem Prinzen von meiner Heirat ein Wort sagen soll, ehe ich sie vollziehe. Sie geben mir zu, ich sei es nicht schuldig: aber die Achtung gegen ihn woll es nicht anders. – Und ich bin schwach genug gewesen, es ihnen zu versprechen. Eben wollt ich noch bei ihm vorfahren. 30

CLAUDIA *(stutzig).* Bei dem Prinzen?

Neunter Auftritt

PIRRO, *gleich darauf* MARINELLI, *und* DIE VORIGEN.

PIRRO. Gnädige Frau, der Marchese Marinelli hält vor dem Hause, und erkundiget sich nach dem Herrn Grafen.

APPIANI. Nach mir?

PIRRO. Hier ist er schon. *(Öffnet ihm die Türe und gehet ab.)*

MARINELLI. Ich bitt um Verzeihung, gnädige Frau. – Mein Herr Graf, ich war vor Ihrem Hause, und erfuhr, dass ich Sie hier treffen würde. Ich hab ein dringendes Geschäft an Sie – Gnädige Frau, ich bitte nochmals um Verzeihung; es ist in einigen Minuten geschehen.

CLAUDIA. Die ich nicht verzögern will. *(Macht ihm eine Verbeugung und geht ab.)*

Zehnter Auftritt

MARINELLI. APPIANI.

APPIANI. Nun, mein Herr?

MARINELLI. Ich komme von des Prinzen Durchlaucht.

APPIANI. Was ist zu seinem Befehle?

MARINELLI. Ich bin stolz, der Überbringer einer so vorzüglichen Gnade zu sein. – Und wenn Graf Appiani nicht mit Gewalt einen seiner ergebensten Freunde in mir verkennen will – –

APPIANI. Ohne weitere Vorrede; wenn ich bitten darf.

MARINELLI. Auch das! – Der Prinz muss sogleich an den Herzog von Massa, in Angelegenheit seiner Vermählung mit dessen Prinzessin Tochter, einen Bevollmächtigten senden. Er war lange unschlüssig, wen er dazu ernennen sollte. Endlich ist seine Wahl, Herr Graf, auf Sie gefallen.

APPIANI. Auf mich?

MARINELLI. Und das, – wenn die Freundschaft ruhmredig sein darf – nicht ohne mein Zutun –

APPIANI. Wahrlich, Sie setzen mich wegen eines Dankes in

Verlegenheit. – Ich habe schon längst nicht mehr erwartet, dass der Prinz mich zu brauchen geruhen werde. –

MARINELLI. Ich bin versichert, dass es ihm bloß an einer würdigen Gelegenheit gemangelt hat. Und wenn auch diese so eines Mannes, wie Graf Appiani, noch nicht würdig genug sein sollte: so ist freilich meine Freundschaft zu voreilig gewesen.

APPIANI. Freundschaft und Freundschaft, um das dritte Wort! – Mit wem red ich denn? Des Marchese Marinelli Freundschaft hätt ich mir nie träumen lassen. –

MARINELLI. Ich erkenne mein Unrecht, Herr Graf, mein unverzeihliches Unrecht, dass ich, ohne Ihre Erlaubnis, Ihr Freund sein wollen. – Bei dem allen: was tut das? Die Gnade des Prinzen, die Ihnen angetragene Ehre, bleiben, was sie sind: und ich zweifle nicht, Sie werden sie mit Begierd ergreifen.

APPIANI *(nach einiger Überlegung)*. Allerdings.

MARINELLI. Nun so kommen Sie.

APPIANI. Wohin?

MARINELLI. Nach Dosalo, zu dem Prinzen. – Es liegt schon alles fertig; und Sie müssen noch heut abreisen.

APPIANI. Was sagen Sie? – Noch heute?

MARINELLI. Lieber noch in dieser nämlichen Stunde, als in der folgenden. Die Sache ist von der äußersten Eil.

APPIANI. In Wahrheit? – So tut es mir leid, dass ich die Ehre, welche mir der Prinz zugedacht, verbitten muss.

MARINELLI. Wie?

APPIANI. Ich kann heute nicht abreisen; – auch morgen nicht; – auch übermorgen noch nicht. –

MARINELLI. Sie scherzen, Herr Graf.

APPIANI. Mit Ihnen?

MARINELLI. Unvergleichlich! Wenn der Scherz den Prinzen gilt, so ist er um so viel lustiger. – Sie können nicht?

APPIANI. Nein, mein Herr, nein. – Und ich hoffe, dass der Prinz selbst meine Entschuldigung wird gelten lassen.

MARINELLI. Die bin ich begierig, zu hören.

APPIANI. O, eine Kleinigkeit! – Sehen Sie; ich soll noch heut
eine Frau nehmen.

MARINELLI. Nun? und dann?

APPIANI. Und dann? – und dann? – Ihre Frage ist auch ver-
5 zweifelt naiv.

MARINELLI. Man hat Exempel, Herr Graf, dass sich Hoch-
zeiten aufschieben lassen. – Ich glaube freilich nicht, dass
der Braut oder dem Bräutigam immer damit gedient ist.
Die Sache mag ihr Unangenehmes haben. Aber doch,
10 dächt ich, der Befehl des Herrn –

APPIANI. Der Befehl des Herrn? – des Herrn? Ein Herr, den
man sich selber wählt, ist unser Herr so eigentlich nicht
– Ich gebe zu, dass Sie dem Prinzen unbedingtern Gehor-
sam schuldig wären. Aber nicht ich. – Ich kam an seinen
15 Hof als ein Freiwilliger. Ich wollte die Ehre haben, ihm
zu dienen: aber nicht sein Sklave werden. Ich bin der
Vasall eines größern Herrn –

MARINELLI. Größer oder kleiner: Herr ist Herr.

APPIANI. Dass ich mit Ihnen darüber stritte! – Genug, sagen
20 Sie dem Prinzen, was Sie gehört haben: – dass es mir leid
tut, seine Gnade nicht annehmen zu können; weil ich
eben heut eine Verbindung vollzöge, die mein ganzes
Glück ausmache..

MARINELLI. Wollen Sie ihm nicht zugleich wissen lassen,
25 mit wem?

APPIANI. Mit Emilia Galotti.

MARINELLI. Der Tochter aus diesem Hause?

APPIANI. Aus diesem Hause.

MARINELLI. Hm! hm!

30 APPIANI. Was beliebt?

MARINELLI. Ich sollte meinen, dass es sonach umso weniger
Schwierigkeit haben könne, die Zeremonie bis zu Ihrer
Zurückkunft auszusetzen.

APPIANI. Die Zeremonie? Nur die Zeremonie?

35 MARINELLI. Die guten Eltern werden es so genau nicht nehmen.

APPIANI. Die guten Eltern?

MARINELLI. Und Emilia bleibt Ihnen ja wohl gewiss.

APPIANI. Ja wohl gewiss? – Sie sind mit Ihrem Ja wohl – ja
wohl ein ganzer Affe!

MARINELLI. Mir das, Graf?   5

APPIANI. Warum nicht?

MARINELLI. Himmel und Hölle! – Wir werden uns sprechen.

APPIANI. Pah! Hämisch ist der Affe; aber –

MARINELLI. Tod und Verdammnis! – Graf, ich fodere Ge-   10
nugtuung.

APPIANI. Das versteht sich.

MARINELLI. Und würde sie gleich itzt nehmen: – nur dass
ich dem zärtlichen Bräutigam den heutigen Tag nicht verderben mag.   15

APPIANI. Gutherziges Ding! Nicht doch! Nicht doch! *(Indem er ihn bei der Hand ergreift.)* Nach Massa freilich mag
ich mich heute nicht schicken lassen: aber zu einem Spaziergange mit Ihnen hab ich Zeit übrig. – Kommen Sie,
kommen Sie!   20

MARINELLI *(der sich losreißt, und abgeht).* Nur Geduld, Graf,
nur Geduld!

Eilfter Auftritt

APPIANI. CLAUDIA GALOTTI.

APPIANI. Geh, Nichtswürdiger! – Ha! das hat gut getan.   25
Mein Blut ist in Wallung gekommen. Ich fühle mich anders und besser.

CLAUDIA *(eiligst und besorgt).* Gott! Herr Graf – Ich hab einen heftigen Wortwechsel gehört. – Ihr Gesicht glühet.
Was ist vorgefallen?   30

APPIANI. Nichts, gnädige Frau, gar nichts. Der Kammerherr
Marinelli hat mir einen großen Dienst erwiesen. Er hat
mich des Ganges zum Prinzen überhoben.

CLAUDIA. In der Tat?

APPIANI. Wir können nun um so viel früher abfahren. Ich gehe, meine Leute zu treiben, und bin sogleich wieder hier. Emilia wird indes auch fertig.

5 CLAUDIA. Kann ich ganz ruhig sein, Herr Graf?

APPIANI. Ganz ruhig, gnädige Frau. *(Sie geht herein und er fort.)*

Dritter Aufzug

Die Szene: ein Vorsaal auf dem Lustschlosse des Prinzen.

Erster Auftritt

DER PRINZ. MARINELLI.

MARINELLI. Umsonst; er schlug die angetragene Ehre mit der größten Verachtung aus.

DER PRINZ. Und so bleibt es dabei? So geht es vor sich? so wird Emilia noch heute die Seinige?

MARINELLI. Allem Ansehen nach.

DER PRINZ. Ich versprach mir von Ihrem Einfalle so viel! – Wer weiß, wie albern Sie sich dabei genommen. – Wenn der Rat eines Toren einmal gut ist, so muss ihn ein gescheuter Mann ausführen. Das hätt ich bedenken sollen.

MARINELLI. Da find ich mich schön belohnt!

DER PRINZ. Und wofür belohnt?

MARINELLI. Dass ich noch mein Leben darüber in die Schanze schlagen wollte. – Als ich sahe, dass weder Ernst noch Spott den Grafen bewegen konnte, seine Liebe der Ehre nachzusetzen: versucht ich es, ihn in Harnisch zu jagen. Ich sagte ihm Dinge, über die er sich vergaß. Er stieß Beleidigungen gegen mich aus: und ich forderte Genugtuung, – und forderte sie gleich auf der Stelle. – Ich dachte so: entweder er mich; oder ich ihn. Ich ihn: so ist das Feld ganz unser. Oder er mich: nun, wenn auch; so muss er fliehen, und der Prinz gewinnt wenigstens Zeit.

DER PRINZ. Das hätten Sie getan, Marinelli?

MARINELLI. Ha! man sollt es voraus wissen, wenn man so töricht bereit ist, sich für die Großen aufzuopfern – man sollt es voraus wissen, wie erkenntlich sie sein würden –

DER PRINZ. Und der Graf? – Er stehet in dem Rufe, sich so etwas nicht zweimal sagen zu lassen.

MARINELLI. Nachdem es fällt, ohne Zweifel. – Wer kann es ihm verdenken? – Er versetzte, dass er auf heute doch noch etwas Wichtigers zu tun habe, als sich mit mir den Hals zu brechen. Und so beschied er mich auf die ersten acht Tage nach der Hochzeit.

DER PRINZ. Mit Emilia Galotti! Der Gedanke macht mich rasend! – Darauf ließen Sie es gut sein, und gingen: – und kommen und prahlen, dass Sie Ihr Leben für mich in die Schanze geschlagen; sich mir aufgeopfert –

MARINELLI. Was wollen Sie aber, gnädiger Herr, das ich weiter hätte tun sollen?

DER PRINZ. Weiter tun? – Als ob er etwas getan hätte!

MARINELLI. Und lassen Sie doch hören, gnädiger Herr, was Sie für sich selbst getan haben. – Sie waren so glücklich, sie noch in der Kirche zu sprechen. Was haben Sie mit ihr abgeredet?

DER PRINZ *(höhnisch)*. Neugierde zur Genüge! – Die ich nur befriedigen muss. – O, es ging alles nach Wunsch. – Sie brauchen sich nicht weiter zu bemühen, mein allzu dienstfertiger Freund! – Sie kam meinem Verlangen, mehr als halbes Weges, entgegen. Ich hätte sie nur gleich mitnehmen dürfen. *(Kalt und befehlend.)* Nun wissen Sie, was Sie wissen wollen; – und können gehn!

MARINELLI. Und können gehn! – Ja, ja; das ist das Ende vom Liede! und würd es sein, gesetzt auch, ich wollte noch das Unmögliche versuchen. – Das Unmögliche sag ich? – So unmöglich wär es nun wohl nicht: aber kühn. – Wenn wir die Braut in unserer Gewalt hätten: so stünd ich dafür, dass aus der Hochzeit nichts werden sollte.

DER PRINZ. Ei! wofür der Mann nicht alles stehen will! Nun dürft ich ihm nur noch ein Kommando von meiner Leibwache geben, und er legte sich an der Landstraße damit in Hinterhalt, und fiele selbst funfziger einen Wagen an, und riss ein Mädchen heraus, das er im Triumphe mir zubrächte.

MARINELLI. Es ist eher ein Mädchen mit Gewalt entführt

worden, ohne dass es einer gewaltsamen Entführung ähnlich gesehen.

DER PRINZ. Wenn Sie das zu machen wüssten: so würden Sie
nicht erst lange davon schwatzen.

MARINELLI. Aber für den Ausgang müsste man nicht stehen
sollen. – Es könnten sich Unglücksfälle dabei eräugnen –

DER PRINZ. Und es ist meine Art, dass ich Leute Dinge ver-
antworten lasse, wofür sie nicht können!

MARINELLI. Also, gnädiger Herr – *(Man hört von weitem einen Schuss.)* Ha! was war das? – Hört ich recht? – Hörten
Sie nicht auch, gnädiger Herr, einen Schuss fallen? – Und
da noch einen!

DER PRINZ. Was ist das? was gibt's?

MARINELLI. Was meinen Sie wohl? – Wie wann ich tätiger
wäre, als Sie glauben?

DER PRINZ. Tätiger? – So sagen Sie doch –

MARINELLI. Kurz: wovon ich gesprochen, geschieht.

DER PRINZ. Ist es möglich?

MARINELLI. Nur vergessen Sie nicht, Prinz, wessen Sie mich
eben versichert. – Ich habe nochmals Ihr Wort – –

DER PRINZ. Aber die Anstalten sind doch so –

MARINELLI. Als sie nur immer sein können! – Die Ausfüh-
rung ist Leuten anvertrauet, auf die ich mich verlassen
kann. Der Weg geht hart an der Planke des Tiergartens
vorbei. Da wird ein Teil den Wagen angefallen haben;
gleichsam, um ihn zu plündern. Und ein anderer Teil,
wobei einer von meinen Bedienten ist, wird aus dem Tiergarten gestürzt sein; den Angefallenen gleichsam zur
Hülfe. Während des Handgemenges, in das beide Teile
zum Schein geraten, soll mein Bedienter Emilien ergreifen, als ob er sie retten wolle, und durch den Tiergarten
in das Schloss bringen. – So ist die Abrede. – Was sagen
Sie nun, Prinz?

DER PRINZ. Sie überraschen mich auf eine sonderbare Art. –
Und eine Bangigkeit überfällt mich – *(Marinelli tritt an
das Fenster.)* Wornach sehen Sie?

MARINELLI. Dahinaus muss es sein! – Recht! – und eine
Maske kömmt bereits um die Planke gesprengt; – ohne
Zweifel, mir den Erfolg zu berichten. – Entfernen Sie
sich, gnädiger Herr.

DER PRINZ. Ah, Marinelli –

MARINELLI. Nun? Nicht wahr, nun hab ich zu viel getan;
und vorhin zu wenig?

DER PRINZ. Das nicht. Aber ich sehe bei alledem nicht ab – –

MARINELLI. Absehn? – Lieber alles mit eins! – Geschwind
entfernen Sie sich. – Die Maske muss Sie nicht sehen.
(Der Prinz gehet ab.)

Zweiter Auftritt

MARINELLI *und bald darauf* ANGELO.

MARINELLI *(der wieder nach dem Fenster geht).* Dort fährt der
Wagen langsam nach der Stadt zurück. – So langsam?
Und in jedem Schlage ein Bedienter? – Das sind Anzei-
gen, die mir nicht gefallen: – dass der Streich wohl nur
halb gelungen ist; – dass man einen Verwundeten gemächlich zurückführet, – und keinen Toten. – Die Maske
steigt ab. – Es ist Angelo selbst. Der Tolldreiste! – Endlich, hier weiß er die Schliche. – Er winkt mir zu. Er muss
seiner Sache gewiss sein. – Ha, Herr Graf, der Sie nicht
nach Massa wollten, und nun noch einen weitern Weg
müssen! – Wer hatte Sie die Affen so kennen gelehrt? *(Indem er nach der Türe zugeht.)* Jawohl sind sie hämisch. –
Nun Angelo?

ANGELO *(der die Maske abgenommen).* Passen Sie auf, Herr
Kammerherr! Man muss sie gleich bringen.

MARINELLI. Und wie lief es sonst ab?

ANGELO. Ich denke ja, recht gut.

MARINELLI. Wie steht es mit dem Grafen?

ANGELO. Zu dienen! So, so! – Aber er muss Wind gehabt
haben. Denn er war nicht so ganz unbereitet.

MARINELLI. Geschwind sage mir, was du mir zu sagen hast!
– Ist er tot?

ANGELO. Es tut mir leid um den guten Herrn.

MARINELLI. Nun da, für dein mitleidiges Herz! *(Gibt ihm einen Beutel mit Gold.)*

ANGELO. Vollends mein braver Nicolo! der das Bad mit bezahlen müssen.

MARINELLI. So? Verlust auf beiden Seiten?

ANGELO. Ich könnte weinen, um den ehrlichen Jungen! Ob mir sein Tod schon das *(indem er den Beutel in der Hand wieget)* um ein Vierteil verbessert. Denn ich bin sein Erbe; weil ich ihn gerächet habe. Das ist so unser Gesetz: ein so gutes, mein ich, als für Treu und Freundschaft je gemacht worden. Dieser Nicolo, Herr Kammerherr –

MARINELLI. Mit deinem Nicolo! – Aber der Graf, der Graf –

ANGELO. Blitz! der Graf hatte ihn gut gefasst. Dafür fasst ich auch wieder den Grafen! – Er stürzte; und wenn er noch lebendig zurück in die Kutsche kam: so steh ich dafür, dass er nicht lebendig wieder herauskömmt.

MARINELLI. Wenn das nur gewiss ist, Angelo.

ANGELO. Ich will Ihre Kundschaft verlieren, wenn es nicht gewiss ist! – Haben Sie noch was zu befehlen? denn mein Weg ist der weiteste: wir wollen heute noch über die Grenze.

MARINELLI. So geh.

ANGELO. Wenn wieder was vorfällt, Herr Kammerherr, – Sie wissen, wo ich zu erfragen bin. Was sich ein andrer zu tun getrauet, wird für mich auch keine Hexerei sein. Und billiger bin ich, als jeder andere. *(Geht ab.)*

MARINELLI. Gut das! – Aber doch nicht so recht gut. – Pfui, Angelo! so ein Knicker zu sein! Einen zweiten Schuss wäre er ja wohl noch wert gewesen. – Und wie er sich vielleicht nun martern muss, der arme Graf! – Pfui, Angelo! Das heißt sein Handwerk sehr grausam treiben; – und verpfuschen. – Aber davon muss der Prinz noch

nichts wissen. Er muss erst selbst finden, wie zuträglich
ihm dieser Tod ist. – Dieser Tod! – Was gäb ich um die
Gewissheit!

Dritter Auftritt

DER PRINZ. MARINELLI.

DER PRINZ. Dort kömmt sie, die Allee herauf. Sie eilet vor
dem Bedienten her. Die Furcht, wie es scheinet, beflügelt
ihre Füße. Sie muss noch nichts argwohnen. Sie glaubt
sich nur vor Räubern zu retten. – Aber wie lange kann
das dauren?

MARINELLI. So haben wir sie doch fürs Erste.

DER PRINZ. Und wird die Mutter sie nicht aufsuchen? Wird
der Graf ihr nicht nachkommen? Was sind wir alsdann
weiter? Wie kann ich sie ihnen vorenthalten?

MARINELLI. Auf das alles weiß ich freilich noch nichts
zu antworten. Aber wir müssen sehen. Gedulden Sie
sich, gnädiger Herr. Der erste Schritt musste doch getan
sein. –

DER PRINZ. Wozu? wenn wir ihn zurücktun müssen.

MARINELLI. Vielleicht müssen wir nicht. – Da sind tausend
Dinge, auf die sich weiter fußen lässt. – Und vergessen Sie
denn das Vornehmste?

DER PRINZ. Was kann ich vergessen, woran ich sicher noch
nicht gedacht habe? – Das Vornehmste? was ist das?

MARINELLI. Die Kunst zu gefallen, zu überreden, – die
einem Prinzen, welcher liebt, nie fehlet.

DER PRINZ. Nie fehlet? Außer, wo er sie gerade am nötigs-
ten brauchte. – Ich habe von dieser Kunst schon heut einen zu schlechten Versuch gemacht. Mit allen Schmeiche-
leien und Beteuerungen konnt ich ihr auch nicht ein Wort
auspressen. Stumm und niedergeschlagen und zitternd
stand sie da; wie eine Verbrecherin, die ihr Todesurteil
höret. Ihre Angst steckte mich an, ich zitterte mit, und

schloss mit einer Bitte um Vergebung. Kaum getrau ich
mir, sie wieder anzureden. – Bei ihrem Eintritte wenigstens wag ich es nicht zu sein. Sie, Marinelli, müssen sie
empfangen. Ich will hier in der Nähe hören, wie es ab-
läuft; und kommen, wenn ich mich mehr gesammelt   5
habe.

Vierter Auftritt

MARINELLI *und bald darauf dessen Bedienter* BATTISTA *mit*
EMILIEN.

MARINELLI. Wenn sie ihn nicht selbst stürzen gesehen –   10
Und das muss sie wohl nicht; da sie so fortgeeilet – Sie
kömmt. Auch ich will nicht das Erste sein, was ihr hier in
die Augen fällt. (*Er zieht sich in einen Winkel des Saales zurück.*)

BATTISTA. Nur hier herein, gnädiges Fräulein.   15

EMILIA (*außer Atem*). Ah! – Ah! – Ich danke Ihm, mein
Freund; – ich dank Ihm. – Aber Gott, Gott! wo bin ich?
– Und so ganz allein? Wo bleibt meine Mutter? Wo blieb
der Graf? – Sie kommen doch nach? mir auf dem Fuße
nach?   20

BATTISTA. Ich vermute.

EMILIA. Er vermutet? Er weiß es nicht? Er sah sie nicht? –
Ward nicht gar hinter uns geschossen? –

BATTISTA. Geschossen? – Das wäre! –

EMILIA. Ganz gewiss! Und das hat den Grafen, oder meine
Mutter getroffen. –

BATTISTA. Ich will gleich nach ihnen ausgehen.

EMILIA. Nicht ohne mich. – Ich will mit; ich muss mit:
komm' Er, mein Freund!

MARINELLI (*der plötzlich herzutritt, als ob er eben herein-
käme*). Ah, gnädiges Fräulein! Was für ein Unglück, oder
vielmehr, was für ein Glück, – was für ein glückliches
Unglück verschafft uns die Ehre –

EMILIA *(stutzend)*. Wie? Sie hier, mein Herr? – Ich bin also
wohl bei Ihnen? – Verzeihen Sie, Herr Kammerherr. Wir
sind von Räubern ohnfern überfallen worden. Da kamen
uns gute Leute zu Hülfe; – und dieser ehrliche Mann hob
5   mich aus dem Wagen, und brachte mich hierher. – Aber
ich erschrecke, mich allein gerettet zu sehen. Meine Mutter ist noch in der Gefahr. Hinter uns ward sogar geschossen. Sie ist vielleicht tot; – und ich lebe? – Verzeihen
Sie. Ich muss fort; ich muss wieder hin, – wo ich gleich
10 hätte bleiben sollen.
MARINELLI. Beruhigen Sie sich, gnädiges Fräulein. Es stehet
alles gut; sie werden bald bei Ihnen sein, die geliebten
Personen, für die Sie so viel zärtliche Angst empfinden. –
Indes, Battista, geh, lauf: sie dürften vielleicht nicht wis-
5   sen, wo das Fräulein ist. Sie dürften sie vielleicht in einem
von den Wirtschaftshäusern des Gartens suchen. Bringe
sie unverzüglich hierher. *(Battista geht ab.)*
EMILIA. Gewiss? Sind sie alle geborgen? Ist ihnen nichts
widerfahren? – Ah, was ist dieser Tag für ein Tag des
10 Schreckens für mich! – Aber ich sollte nicht hier bleiben;
ich sollte ihnen entgegeneilen –
MARINELLI. Wozu das, gnädiges Fräulein? Sie sind ohnedem
schon ohne Atem und Kräfte. Erholen Sie sich vielmehr,
und geruhen in ein Zimmer zu treten, wo mehr Bequem-
5   lichkeit ist. – Ich will wetten, dass der Prinz schon selbst
um Ihre teure ehrwürdige Mutter ist, und sie Ihnen zu-
führet.
EMILIA. Wer, sagen Sie?
MARINELLI. Unser gnädigster Prinz selbst.
EMILIA *(äußerst bestürzt)*. Der Prinz?
MARINELLI. Er floh, auf die erste Nachricht, Ihnen zu Hülfe.
– Er ist höchst ergrimmt, dass ein solches Verbrechen ihm
so nahe, unter seinen Augen gleichsam, hat dürfen gewagt
werden. Er lässt den Tätern nachsetzen, und ihre Strafe,
wenn sie ergriffen werden, wird unerhört sein.
EMILIA. Der Prinz! – Wo bin ich denn also?

MARINELLI. Auf Dosalo, dem Lustschlosse des Prinzen.

EMILIA. Welch ein Zufall! – Und Sie glauben, dass er gleich
    selbst erscheinen könne? – Aber doch in Gesellschaft
    meiner Mutter?

MARINELLI. Hier ist er schon.   5

Fünfter Auftritt

DER PRINZ. EMILIA. MARINELLI.

DER PRINZ. Wo ist sie? wo? – Wir suchen Sie überall,
    schönstes Fräulein. – Sie sind doch wohl? – Nun so ist al-
    les wohl! Der Graf, Ihre Mutter, –   10

EMILIA. Ah, gnädigster Herr! wo sind sie? Wo ist meine
    Mutter?

DER PRINZ. Nicht weit; hier ganz in der Nähe.

EMILIA. Gott, in welchem Zustande werde ich die eine, oder
    den andern, vielleicht treffen! Ganz gewiss treffen! –   15
    denn Sie verhehlen mir, gnädiger Herr – ich seh es, Sie
    verhehlen mir –

DER PRINZ. Nicht doch, bestes Fräulein. – Geben Sie mir
    Ihren Arm, und folgen Sie mir getrost.

EMILIA (unentschlossen). Aber – wenn ihnen nichts widerfah- 20
    ren – wenn meine Ahnungen mich trügen: – warum sind
    sie nicht schon hier? Warum kamen sie nicht mit Ihnen,
    gnädiger Herr?

DER PRINZ. So eilen Sie doch, mein Fräulein, alle diese
    Schreckenbilder mit eins verschwinden zu sehen. –   25

EMILIA. Was soll ich tun! (Die Hände ringend.)

DER PRINZ. Wie, mein Fräulein? Sollten Sie einen Verdacht
    gegen mich hegen? –

EMILIA (die vor ihm niederfällt). Zu Ihren Füßen, gnädiger
    Herr –

DER PRINZ (sie aufhebend). Ich bin äußerst beschämt. – Ja,
    Emilia, ich verdiene diesen stummen Vorwurf. – Mein
    Betragen diesen Morgen, ist nicht zu rechtfertigen: – zu

entschuldigen höchstens. Verzeihen Sie meiner Schwachheit. Ich hätte Sie mit keinem Geständnisse beunruhigen
sollen, von dem ich keinen Vorteil zu erwarten habe.
Auch ward ich durch die sprachlose Bestürzung, mit der
Sie es anhörten, oder vielmehr nicht anhörten, genugsam
bestraft. – Und könnt ich schon diesen Zufall, der mir
nochmals, ehe alle meine Hoffnung auf ewig verschwin-
det, – mir nochmals das Glück Sie zu sehen und zu sprechen verschafft; könnt ich schon diesen Zufall für den
Wink eines günstigen Glückes erklären, – für den wun-
derbarsten Aufschub meiner endlichen Verurteilung erklären, um nochmals um Gnade flehen zu dürfen: so will
ich doch – Beben Sie nicht, mein Fräulein – einzig und allein von Ihrem Blicke abhangen. Kein Wort, kein Seufzer,
soll Sie beleidigen. – Nur kränke mich nicht Ihr Miss-
trauen. Nur zweifeln Sie keinen Augenblick an der un-
umschränktesten Gewalt, die Sie über mich haben. Nur
falle Ihnen nie bei, dass Sie eines andern Schutzes gegen
mich bedürfen. – Und nun kommen Sie, mein Fräulein, –
kommen Sie, wo Entzückungen auf Sie warten, die Sie
mehr billigen. *(Er führt sie, nicht ohne Sträuben, ab.)* Folgen Sie uns, Marinelli. –

MARINELLI. Folgen Sie uns, – das mag heißen: folgen Sie uns
nicht! – Was hätte ich ihnen auch zu folgen? Er mag sehen, wie weit er es unter vier Augen mit ihr bringt. – Alles, was ich zu tun habe, ist, – zu verhindern, dass sie
nicht gestöret werden. Von dem Grafen zwar, hoffe ich
nun wohl nicht. Aber von der Mutter; von der Mutter!
Es sollte mich sehr wundern, wenn die so ruhig abgezo-
gen wäre, und ihre Tochter im Stiche gelassen hätte. –
Nun, Battista? was gibt's?

Sechster Auftritt

BATTISTA. MARINELLI.

BATTISTA *(eiligst)*. Die Mutter, Herr Kammerherr –

MARINELLI. Dacht ich's doch! – Wo ist sie?

BATTISTA. Wann Sie ihr nicht zuvorkommen, so wird sie den 5
Augenblick hier sein. – Ich war gar nicht willens, wie Sie
mir zum Schein geboten, mich nach ihr umzusehen: als
ich ihr Geschrei von weitem hörte. Sie ist der Tochter auf
der Spur, und wo nur nicht – unserm ganzen Anschlage!
Alles, was in dieser einsamen Gegend von Menschen ist, 10
hat sich um sie versammelt; und jeder will der sein, der
ihr den Weg weiset. Ob man ihr schon gesagt, dass der
Prinz hier ist, dass Sie hier sind, weiß ich nicht. – Was
wollen Sie tun?

MARINELLI. Lass sehen! – *(Er überlegt.)* Sie nicht einlassen, 15
wenn sie weiß, dass die Tochter hier ist? – Das geht nicht.
– Freilich, sie wird Augen machen, wenn sie den Wolf bei
dem Schäfchen sieht. – Augen? Das möchte noch sein.
Aber der Himmel sei unsern Ohren gnädig! – Nun was?
die beste Lunge erschöpft sich; auch sogar eine weibliche. 20
Sie hören alle auf zu schreien, wenn sie nicht mehr können. – Dazu, es ist doch einmal die Mutter, die wir auf
unserer Seite haben müssen. – Wenn ich die Mütter recht
kenne: – so etwas von einer Schwiegermutter eines Prinzen zu sein, schmeichelt die meisten. – Lass sie kommen, 25
Battista, lass sie kommen!

BATTISTA. Hören Sie! hören Sie!

CLAUDIA GALOTTI *(innerhalb)*. Emilia! Emilia! Mein Kind,
wo bist du?

MARINELLI. Geh, Battista, und suche nur ihre neugierigen
Begleiter zu entfernen.

Siebenter Auftritt

CLAUDIA GALOTTI. BATTISTA. MARINELLI.

CLAUDIA *(die in die Türe tritt, indem Battista herausgehen will)*. Ha! der hob sie aus dem Wagen! Der führte sie fort!
5   Ich erkenne dich. Wo ist sie? Sprich, Unglücklicher!
BATTISTA. Das ist mein Dank?
CLAUDIA. O, wenn du Dank verdienest: *(in einem gelinden Tone)* – so verzeihe mir, ehrlicher Mann! – Wo ist sie? – Lasst mich sie nicht länger entbehren. Wo ist sie?
10 BATTISTA. O, Ihre Gnaden, sie könnte in dem Schoße der Seligkeit nicht aufgehobner sein. – Hier mein Herr wird Ihre Gnaden zu ihr führen. *(Gegen einige Leute, welche nachdringen wollen.)* Zurück da! ihr!

Achter Auftritt

CLAUDIA GALOTTI. MARINELLI.

CLAUDIA. Dein Herr? *(Erblickt den Marinelli und fährt zurück.)* Ha! – Das dein Herr? – Sie hier, mein Herr? Und hier meine Tochter? Und Sie, Sie sollen mich zu ihr führen?
MARINELLI. Mit vielem Vergnügen, gnädige Frau.
CLAUDIA. Halten Sie! – Eben fällt mir es bei – Sie waren es ja – nicht? – Der den Grafen diesen Morgen in meinem Hause aufsuchte? mit dem ich ihn allein ließ? mit dem er Streit bekam?
MARINELLI. Streit? – Was ich nicht wüsste: ein unbedeutender Wortwechsel in herrschaftlichen Angelegenheiten –
CLAUDIA. Und Marinelli heißen Sie?
MARINELLI. Marchese Marinelli.
CLAUDIA. So ist es richtig. – Hören Sie doch, Herr Marchese. – Marinelli war – der Name Marinelli war – begleitet mit einer Verwünschung – Nein, dass ich den edeln Mann

nicht verleumde! – begleitet mit keiner Verwünschung –
Die Verwünschung denk ich hinzu – Der Name Marinelli
war das letzte Wort des sterbenden Grafen.

MARINELLI. Des sterbenden Grafen? Grafen Appiani? – Sie
hören, gnädige Frau, was mir in Ihrer seltsamen Rede am   5
meisten auffällt. – Des sterbenden Grafen? – Was Sie
sonst sagen wollen, versteh ich nicht.

CLAUDIA (bitter und langsam). Der Name Marinelli war das
letzte Wort des sterbenden Grafen! – Verstehen Sie nun?
– Ich verstand es erst auch nicht: obschon mit einem Tone   10
gesprochen – mit einem Tone! – Ich höre ihn noch! Wo
waren meine Sinne, dass sie diesen Ton nicht sogleich verstanden?

MARINELLI. Nun, gnädige Frau? – Ich war von jeher des
Grafen Freund; sein vertrautester Freund. Also, wenn er   15
mich noch im Sterben nannte –

CLAUDIA. Mit dem Tone? – Ich kann ihn nicht nachahmen;
ich kann ihn nicht beschreiben: aber er enthielt alles! alles! – Was? Räuber wären es gewesen, die uns anfielen? –
Mörder waren es; erkaufte Mörder! – Und Marinelli,   20
Marinelli war das letzte Wort des sterbenden Grafen! Mit
einem Tone!

MARINELLI. Mit einem Tone? – Ist es erhört, auf einen Ton,
in einem Augenblicke des Schreckens vernommen, die
Anklage eines rechtschaffnen Mannes zu gründen?

CLAUDIA. Ha, könnt ich ihn nur vor Gerichte stellen, diesen
Ton! – Doch, weh mir! Ich vergesse darüber meine Toch-
ter. – Wo ist sie? – Wie? auch tot? – Was konnte meine
Tochter dafür, dass Appiani dein Feind war?

MARINELLI. Ich verzeihe der bangen Mutter. – Kommen Sie,
gnädige Frau – Ihre Tochter ist hier; in einem von den
nächsten Zimmern: und hat sich hoffentlich von ihrem
Schrecken schon völlig erholt. Mit der zärtlichsten Sorg-
falt ist der Prinz selbst um sie beschäftiget –

CLAUDIA. Wer? – Wer selbst?

MARINELLI. Der Prinz.

CLAUDIA. Der Prinz? – Sagen Sie wirklich, der Prinz? – Unser Prinz?

MARINELLI. Welcher sonst?

CLAUDIA. Nun dann! – Ich unglückselige Mutter! – Und ihr Vater! ihr Vater! – Er wird den Tag ihrer Geburt verfluchen. Er wird mich verfluchen.

MARINELLI. Um des Himmels willen, gnädige Frau! Was fällt Ihnen nun ein?

CLAUDIA. Es ist klar! – Ist es nicht? – Heute im Tempel! vor den Augen der Allerreinesten! in der nähern Gegenwart des Ewigen! – begann das Bubenstück; da brach es aus! *(Gegen den Marinelli.)* Ha, Mörder! feiger, elender Mörder! Nicht tapfer genug, mit eigner Hand zu morden: aber nichtswürdig genug, zu Befriedigung eines fremden Kitzels zu morden! – morden zu lassen! – Abschaum aller Mörder! – Was ehrliche Mörder sind, werden dich unter sich nicht dulden! Dich! Dich! – Denn warum soll ich dir nicht alle meine Galle, allen meinen Geifer mit einem einzigen Worte ins Gesicht speien? – Dich! Dich Kuppler!

MARINELLI. Sie schwärmen, gute Frau. – Aber mäßigen Sie wenigstens Ihr wildes Geschrei, und bedenken Sie, wo Sie sind.

CLAUDIA. Wo ich bin? Bedenken, wo ich bin? – Was kümmert es die Löwin, der man die Jungen geraubet, in wessen Walde sie brüllet?

EMILIA *(innerhalb)*. Ha, meine Mutter! Ich höre meine Mutter!

CLAUDIA. Ihre Stimme? Das ist sie! Sie hat mich gehört; sie hat mich gehört. Und ich sollte nicht schreien? – Wo bist du, mein Kind? Ich komme, ich komme! *(Sie stürzt in das Zimmer, und Marinelli ihr nach.)*

Vierter Aufzug

Die Szene bleibt.

Erster Auftritt

DER PRINZ. MARINELLI.

DER PRINZ *(als aus dem Zimmer von Emilien kommend)*.
Kommen Sie, Marinelli! Ich muss mich erholen – und
muss Licht von Ihnen haben.

MARINELLI. O der mütterlichen Wut! Ha! ha! ha!

DER PRINZ. Sie lachen?

MARINELLI. Wenn Sie gesehen hätten, Prinz, wie toll sich
hier, hier im Saale, die Mutter gebärdete – Sie hörten sie
ja wohl schreien! – und wie zahm sie auf einmal ward, bei
dem ersten Anblicke von Ihnen – – Ha! ha! – Das weiß
ich ja wohl, dass keine Mutter einem Prinzen die Augen
auskratzt, weil er ihre Tochter schön findet.

DER PRINZ. Sie sind ein schlechter Beobachter! – Die Tochter stürzte der Mutter ohnmächtig in die Arme. Darüber
vergaß die Mutter ihre Wut: nicht über mir. Ihre Tochter
schonte sie, nicht mich; wenn sie es nicht lauter, nicht
deutlicher sagte, – was ich lieber selbst nicht gehört, nicht
verstanden haben will.

MARINELLI. Was, gnädiger Herr?

DER PRINZ. Wozu die Verstellung? – Heraus damit. Ist es
wahr? oder ist es nicht wahr?

MARINELLI. Und wenn es denn wäre!

DER PRINZ. Wenn es denn wäre? – Also ist es? – Er ist tot?
tot? – *(Drohend.)* Marinelli! Marinelli!

MARINELLI. Nun?

DER PRINZ. Bei Gott! bei dem allgerechten Gott! ich bin unschuldig an diesem Blute. – Wenn Sie mir vorher gesagt
hätten, dass es dem Grafen das Leben kosten werde –

Nein, nein! und wenn es mir selbst das Leben gekostet
hätte! –

MARINELLI. Wenn ich Ihnen vorher gesagt hätte? – Als ob
sein Tod in meinem Plane gewesen wäre! Ich hatte es dem
5 Angelo auf die Seele gebunden, zu verhüten, dass nie-
manden Leides geschähe. Es würde auch ohne die geringste Gewalttätigkeit abgelaufen sein, wenn sich der
Graf nicht die erste erlaubt hätte. Er schoss Knall und
Fall den einen nieder.

10 DER PRINZ. Wahrlich; er hätte sollen Spaß verstehen!

MARINELLI. Dass Angelo sodann in Wut kam, und den Tod
seines Gefährten rächte –

DER PRINZ. Freilich, das ist sehr natürlich!

MARINELLI. Ich hab es ihm genug verwiesen.

15 DER PRINZ. Verwiesen? Wie freundschaftlich! – Warnen Sie
ihn, dass er sich in meinem Gebiete nicht betreten lässt.
Mein Verweis möchte so freundschaftlich nicht sein.

MARINELLI. Recht wohl! – Ich und Angelo; Vorsatz und Zufall: alles ist eins. – Zwar ward es voraus bedungen, zwar
20 ward es voraus versprochen, dass keiner der Unglücksfälle, die sich dabei eräugnen könnten, mir zuschulden
kommen solle –

DER PRINZ. Die sich dabei eräugnen – könnten, sagen Sie?
oder sollten?

25 MARINELLI. Immer besser! – Doch, gnädiger Herr, – ehe Sie
mir es mit dem trocknen Worte sagen, wofür Sie mich
halten – eine einzige Vorstellung! Der Tod des Grafen ist
mir nichts weniger, als gleichgültig. Ich hatte ihn ausgefodert; er war mir Genugtuung schuldig; er ist ohne diese
30 aus der Welt gegangen; und meine Ehre bleibt beleidiget.
Gesetzt, ich verdiente unter jeden andern Umständen den
Verdacht, den Sie gegen mich hegen: aber auch unter diesen? – *(Mit einer angenommenen Hitze.)* Wer das von mir
denken kann! –

DER PRINZ *(nachgebend)*. Nun gut, nun gut –

MARINELLI. Dass er noch lebte! O dass er noch lebte! Alles,

alles in der Welt wollte ich darum geben – *(bitter)* selbst
die Gnade meines Prinzen, – diese unschätzbare, nie zu
verscherzende Gnade – wollt' ich drum geben!

DER PRINZ. Ich verstehe. – Nun gut, nun gut. Sein Tod war
Zufall, bloßer Zufall. Sie versichern es; und ich, ich glaub
es. – Aber wer mehr? Auch die Mutter? Auch Emilia? –
Auch die Welt?

MARINELLI *(kalt)*. Schwerlich.

DER PRINZ. Und wenn man es nicht glaubt, was wird man
denn glauben? – Sie zucken die Achsel? – Ihren Angelo
wird man für das Werkzeug, und mich für den Täter halten –

MARINELLI *(noch kälter)*. Wahrscheinlich genug.

DER PRINZ. Mich! mich selbst! – Oder ich muss von Stund
an alle Absicht auf Emilien aufgeben –

MARINELLI *(höchst gleichgültig)*. Was Sie auch gemusst hätten
– wenn der Graf noch lebte. –

DER PRINZ *(heftig, aber sich gleich wieder fassend)*. Marinelli!
– Doch, Sie sollen mich nicht wild machen. – Es sei so –
Es ist so! Und das wollen Sie doch nur sagen: der Tod des
Grafen ist für mich ein Glück – das größte Glück, was
mir begegnen konnte, – das einzige Glück, was meiner
Liebe zustatten kommen konnte. Und als dieses, – mag er
doch geschehen sein, wie er will! – Ein Graf mehr in der
Welt, oder weniger! Denke ich Ihnen so recht? – Topp!
auch ich erschrecke vor einem kleinen Verbrechen nicht.
Nur, guter Freund, muss es ein kleines stilles Verbrechen,
ein kleines heilsames Verbrechen sein. Und sehen Sie, un-
seres da, wäre nun gerade weder stille noch heilsam. Es
hätte den Weg zwar gereiniget, aber zugleich gesperrt. Je-
dermann würde es uns auf den Kopf zusagen, – und leider hätten wir es gar nicht einmal begangen! – Das liegt
doch wohl nur bloß an Ihren weisen, wunderbaren Anstalten?

MARINELLI. Wenn Sie so befehlen –

DER PRINZ. Woran sonst? – Ich will Rede!

MARINELLI. Es kömmt mehr auf meine Rechnung, was nicht darauf gehört.

DER PRINZ. Rede will ich!

MARINELLI. Nun dann! Was läge an meinen Anstalten? dass
5 den Prinzen bei diesem Unfalle ein so sichtbarer Verdacht
trifft? – An dem Meisterstreiche liegt das, den er selbst
meinen Anstalten mit einzumengen die Gnade hatte.

DER PRINZ. Ich?

MARINELLI. Er erlaube mir, ihm zu sagen, dass der Schritt,
10 den er heute Morgen in der Kirche getan, – mit so vielem
Anstande er ihn auch getan – so unvermeidlich er ihn
auch tun musste – dass dieser Schritt dennoch nicht in
den Tanz gehörte.

DER PRINZ. Was verdarb er denn auch?

15 MARINELLI. Freilich nicht den ganzen Tanz: aber doch voritzo den Takt.

DER PRINZ. Hm! Versteh ich Sie?

MARINELLI. Also, kurz und einfältig. Da ich die Sache über-
nahm, nicht wahr, da wusste Emilia von der Liebe des
20 Prinzen noch nichts? Emiliens Mutter noch weniger.
Wenn ich nun auf diesen Umstand baute? und der Prinz
indes den Grund meines Gebäudes untergrub? –

DER PRINZ *(sich vor die Stirne schlagend)*. Verwünscht!

MARINELLI. Wenn er es nun selbst verriet, was er im Schilde
25 führe?

DER PRINZ. Verdammter Einfall!

MARINELLI. Und wenn er es nicht selbst verraten hätte? –
Traun! ich möchte doch wissen, aus welcher meiner Anstalten, Mutter oder Tochter den geringsten Argwohn ge-
30 gen ihn schöpfen könnte?

DER PRINZ. Dass Sie Recht haben!

MARINELLI. Daran tu ich freilich sehr unrecht – Sie werden
verzeihen, gnädiger Herr –

Zweiter Auftritt

BATTISTA. DER PRINZ. MARINELLI.

BATTISTA *(eiligst)*. Eben kömmt die Gräfin an.

DER PRINZ. Die Gräfin? Was für eine Gräfin?

BATTISTA. Orsina.

DER PRINZ. Orsina? – Marinelli! – Orsina? – Marinelli!

MARINELLI. Ich erstaune darüber, nicht weniger als Sie
selbst.

DER PRINZ. Geh, lauf, Battista: sie soll nicht aussteigen. Ich
bin nicht hier. Ich bin für sie nicht hier. Sie soll augenblicklich wieder umkehren. Geh, lauf! – *(Battista geht ab.)*
Was will die Närrin? Was untersteht sie sich? Wie weiß
sie, dass wir hier sind? Sollte sie wohl auf Kundschaft
kommen? Sollte sie wohl schon etwas vernommen haben? – Ah, Marinelli! So reden Sie, so antworten Sie
doch! – Ist er beleidiget der Mann, der mein Freund sein
will? Und durch einen elenden Wortwechsel beleidiget?
Soll ich ihn um Verzeihung bitten?

MARINELLI. Ah, mein Prinz, sobald Sie wieder Sie sind, bin
ich mit ganzer Seele wieder der Ihrige! – Die Ankunft der
Orsina ist mir ein Rätsel, wie Ihnen. Doch abweisen wird
sie schwerlich sich lassen. Was wollen Sie tun?

DER PRINZ. Sie durchaus nicht sprechen; mich entfernen –

MARINELLI. Wohl! und nur geschwind. Ich will sie empfangen –

DER PRINZ. Aber bloß, um sie gehen zu heißen. – Weiter geben Sie mit ihr sich nicht ab. Wir haben andere Dinge
hier zu tun –

MARINELLI. Nicht doch, Prinz! Diese andern Dinge sind getan. Fassen Sie doch Mut! Was noch fehlt, kömmt sicher-
lich von selbst. – Aber hör ich sie nicht schon? – Eilen Sie,
Prinz! – Da, *(auf ein Kabinett zeigend, in welches sich der
Prinz begibt)* wenn Sie wollen, werden Sie uns hören können. – Ich fürchte, ich fürchte, sie ist nicht zu ihrer besten
Stunde ausgefahren.

Dritter Auftritt

DIE GRÄFIN ORSINA. MARINELLI.

ORSINA *(ohne den Marinelli anfangs zu erblicken).* Was ist
das? – Niemand kömmt mir entgegen, außer ein Unverschämter, der mir lieber gar den Eintritt verweigert hätte?
– Ich bin doch zu Dosalo? Zu dem Dosalo, wo mir sonst
ein ganzes Heer geschäftiger Augendiener entgegen-
stürzte? wo mich sonst Liebe und Entzücken erwarteten?
– Der Ort ist es: aber, aber! – Sieh da, Marinelli! – Recht
gut, dass der Prinz Sie mitgenommen. – Nein, nicht gut!
Was ich mit ihm auszumachen hätte, hätte ich nur mit
ihm auszumachen. – Wo ist er?

MARINELLI. Der Prinz, meine gnädige Gräfin?

ORSINA. Wer sonst?

MARINELLI. Sie vermuten ihn also hier? wissen ihn hier? –
Er wenigstens ist der Gräfin Orsina hier nicht vermutend.

ORSINA. Nicht? So hat er meinen Brief heute Morgen nicht
erhalten?

MARINELLI. Ihren Brief? Doch ja; ich erinnere mich, dass er
eines Briefes von Ihnen erwähnte.

ORSINA. Nun? habe ich ihn nicht in diesem Briefe auf heute
um eine Zusammenkunft hier auf Dosalo gebeten? – Es
ist wahr, es hat ihm nicht beliebet, mir schriftlich zu antworten. Aber ich erfuhr, dass er eine Stunde darauf wirklich nach Dosalo abgefahren. Ich glaubte, das sei Ant-
worts genug; und ich komme.

MARINELLI. Ein sonderbarer Zufall!

ORSINA. Zufall? – Sie hören ja, dass es verabredet worden.
So gut, als verabredet. Von meiner Seite, der Brief: von
seiner, die Tat. – Wie er dasteht, der Herr Marchese! Was
er für Augen macht! Wundert sich das Gehirnchen? und
worüber denn?

MARINELLI. Sie schienen gestern so weit entfernt, dem Prinzen jemals wieder vor die Augen zu kommen.

ORSINA. Bessrer Rat kömmt über Nacht. – Wo ist er? wo ist er? – Was gilt's, er ist in dem Zimmer, wo ich das Ge-quicke, das Gekreusche hörte? – Ich wollte herein, und der Schurke vom Bedienten trat vor.

MARINELLI. Meine liebste, beste Gräfin –

ORSINA. Es war ein weibliches Gekreusche. Was gilt's, Ma-rinelli? – O sagen Sie mir doch, sagen Sie mir – wenn ich anders Ihre liebste, beste Gräfin bin – Verdammt, über das Hofgeschmeiß! So viel Worte, so viel Lügen! – Nun was liegt daran, ob Sie mir es voraus sagen, oder nicht? Ich werd es ja wohl sehen. (Will gehen.)

MARINELLI (der sie zurückhält). Wohin?

ORSINA. Wo ich längst sein sollte. – Denken Sie, dass es schicklich ist, mit Ihnen hier in dem Vorgemache einen elenden Schnickschnack zu halten, indes der Prinz in dem Gemache auf mich wartet?

MARINELLI. Sie irren sich, gnädige Gräfin. Der Prinz erwar-tet Sie nicht. Der Prinz kann Sie hier nicht sprechen, – will Sie nicht sprechen.

ORSINA. Und wäre doch hier? und wäre doch auf meinen Brief hier?

MARINELLI. Nicht auf Ihren Brief –

ORSINA. Den er ja erhalten, sagen Sie –

MARINELLI. Erhalten, aber nicht gelesen.

ORSINA (heftig). Nicht gelesen? – (Minder heftig.) Nicht gele-sen? – (Wehmütig, und eine Träne aus dem Auge wischend.) Nicht einmal gelesen?

MARINELLI. Aus Zerstreuung, weiß ich. – Nicht aus Verach-tung.

ORSINA (stolz). Verachtung? – Wer denkt daran? – Wem brauchen Sie das zu sagen? – Sie sind ein unverschämter Tröster, Marinelli! – Verachtung! Verachtung! Mich ver-achtet man auch! mich! – (Gelinder, bis zum Tone der Schwermut.) Freilich liebt er mich nicht mehr. Das ist aus-gemacht. Und an die Stelle der Liebe trat in seiner Seele etwas anders. Das ist natürlich. Aber warum denn eben

Verachtung? Es braucht ja nur Gleichgültigkeit zu sein.
Nicht wahr, Marinelli?

MARINELLI. Allerdings, allerdings.

ORSINA *(höhnisch)*. Allerdings? – O des weisen Mannes, den
5 man sagen lassen kann, was man will! – Gleichgültigkeit!
Gleichgültigkeit an die Stelle der Liebe? – Das heißt,
Nichts an die Stelle von Etwas. Denn lernen Sie, nach-
plauderndes Hofmännchen, lernen Sie von einem Weibe,
dass Gleichgültigkeit ein leeres Wort, ein bloßer Schall ist,
10 dem nichts, gar nichts entspricht. Gleichgültig ist die
Seele nur gegen das, woran sie nicht denkt; nur gegen ein
Ding, das für sie kein Ding ist. Und nur gleichgültig für
ein Ding, das kein Ding ist, – das ist so viel, als gar nicht
gleichgültig. – Ist dir das zu hoch, Mensch?

15 MARINELLI *(vor sich)*. O weh! wie wahr ist es, was ich fürchtete!

ORSINA. Was murmeln Sie da?

MARINELLI. Lauter Bewunderung! – Und wem ist es nicht
bekannt, gnädige Gräfin, dass Sie eine Philosophin sind?

20 ORSINA. Nicht wahr? – Ja, ja; ich bin eine. – Aber habe ich
mir es itzt merken lassen, dass ich eine bin? – O pfui,
wenn ich mir es habe merken lassen; und wenn ich mir es
öfterer habe merken lassen! Ist es wohl noch Wunder,
dass mich der Prinz verachtet? Wie kann ein Mann ein
25 Ding lieben, das, ihm zum Trotze, auch denken will? Ein
Frauenzimmer, das denket, ist ebenso ekel als ein Mann,
der sich schminket. Lachen soll es, nichts als lachen, um
immerdar den gestrengen Herrn der Schöpfung bei guter
Laune zu erhalten. – Nun, worüber lach ich denn gleich,
30 Marinelli? – Ach, jawohl! Über den Zufall! dass ich dem
Prinzen schreibe, er soll nach Dosalo kommen; dass der
Prinz meinen Brief nicht lieset, und dass er doch nach
Dosalo kömmt. Ha! ha! ha! Wahrlich ein sonderbarer
Zufall! Sehr lustig, sehr närrisch! – Und Sie lachen nicht
35 mit, Marinelli? – Mitlachen kann ja wohl der gestrenge
Herr der Schöpfung, ob wir arme Geschöpfe gleich nicht

mitdenken dürfen. – *(Ernsthaft und befehlend.)* So lachen
Sie doch!

MARINELLI. Gleich, gnädige Gräfin, gleich!

ORSINA. Stock! Und darüber geht der Augenblick vorbei.
Nein, nein, lachen Sie nur nicht. – Denn sehen Sie, Ma- 5
rinelli, *(nachdenkend bis zur Rührung)* was mich so herzlich zu lachen macht, das hat auch seine ernsthafte – sehr
ernsthafte Seite. Wie alles in der Welt! – Zufall? Ein Zufall wär es, dass der Prinz nicht daran gedacht, mich hier
zu sprechen, und mich doch hier sprechen muss? Ein Zu- 10
fall? – Glauben Sie mir, Marinelli: das Wort Zufall ist
Gotteslästerung. Nichts unter der Sonne ist Zufall; – am
wenigsten das, wovon die Absicht so klar in die Augen
leuchtet. – Allmächtige, allgütige Vorsicht, vergib mir,
dass ich mit diesem albernen Sünder einen Zufall genen- 15
net habe, was so offenbar dein Werk, wohl gar dein un-
mittelbares Werk ist! – *(Hastig gegen Marinelli.)* Kommen
Sie mir, und verleiten Sie mich noch einmal zu so einem
Frevel!

MARINELLI *(vor sich)*. Das geht weit! – Aber gnädige Grä- 20
fin –

ORSINA. Still mit dem Aber! Die Aber kosten Überlegung:
– und mein Kopf! mein Kopf! *(Sich mit der Hand die
Stirne haltend.)* – Machen Sie, Marinelli, machen Sie, dass
ich ihn bald spreche, den Prinzen; sonst bin ich es wohl 25
gar nicht imstande. – Sie sehen, wir sollen uns sprechen;
wir müssen uns sprechen –

Vierter Auftritt

DER PRINZ. ORSINA. MARINELLI.

DER PRINZ *(indem er aus dem Kabinette tritt, vor sich)*. Ich
muss ihm zu Hülfe kommen –

ORSINA *(die ihn erblickt, aber unentschlüssig bleibt, ob sie auf
ihn zugehen soll)*. Ha! da ist er.

DER PRINZ *(geht quer über den Saal, bei ihr vorbei, nach den andern Zimmern, ohne sich im Reden aufzuhalten).* Sieh da! unsere schöne Gräfin. – Wie sehr betaure ich, Madame, dass ich mir die Ehre Ihres Besuchs für heute so wenig zunutze machen kann! Ich bin beschäftigt. Ich bin nicht allein. – Ein andermal, meine liebe Gräfin! Ein andermal. – Itzt halten Sie länger sich nicht auf. Ja nicht länger! – Und Sie, Marinelli, ich erwarte Sie. –

Fünfter Auftritt

ORSINA. MARINELLI.

MARINELLI. Haben Sie es, gnädige Gräfin, nun von ihm selbst gehört, was Sie mir nicht glauben wollen?

ORSINA *(wie betäubt).* Hab ich? hab ich wirklich?

MARINELLI. Wirklich.

ORSINA *(mit Rührung).* »Ich bin beschäftigt. Ich bin nicht allein.« Ist das die Entschuldigung ganz, die ich wert bin? Wen weiset man damit nicht ab? Jeden Überlästigen, jeden Bettler. Für mich keine einzige Lüge mehr? Keine einzige kleine Lüge mehr, für mich? – Beschäftigt? womit denn? Nicht allein? wer wäre denn bei ihm? – Kommen Sie, Marinelli; aus Barmherzigkeit, lieber Marinelli! Lügen Sie mir eines auf eigene Rechnung vor. Was kostet Ihnen denn eine Lüge? – Was hat er zu tun? Wer ist bei ihm? – Sagen Sie mir; sagen Sie mir, was Ihnen zuerst in den Mund kömmt – und ich gehe.

MARINELLI *(vor sich).* Mit dieser Bedingung, kann ich ihr ja wohl einen Teil der Wahrheit sagen.

ORSINA. Nun? Geschwind, Marinelli; und ich gehe. – Er sagte ohnedem, der Prinz: »Ein andermal, meine liebe Gräfin!« Sagte er nicht so? – Damit er mir Wort hält, damit er keinen Vorwand hat, mir nicht Wort zu halten: geschwind, Marinelli, Ihre Lüge; und ich gehe.

MARINELLI. Der Prinz, liebe Gräfin, ist wahrlich nicht allein. Es sind Personen bei ihm, von denen er sich keinen

Augenblick abmüßigen kann; Personen, die eben einer
großen Gefahr entgangen sind. Der Graf Appiani –

ORSINA. Wäre bei ihm? – Schade, dass ich über diese Lüge
Sie ertappen muss. Geschwind eine andere. – Denn Graf
Appiani, wenn Sie es noch nicht wissen, ist eben von   5
Räubern erschossen worden. Der Wagen mit seinem
Leichname begegnete mir kurz vor der Stadt. – Oder ist
er nicht? Hätte es mir bloß geträumet?

MARINELLI. Leider nicht bloß geträumet! – Aber die andern,
die mit dem Grafen waren, haben sich glücklich hieher   10
nach dem Schlosse gerettet: seine Braut nämlich, und die
Mutter der Braut, mit welchen er nach Sabionetta zu seiner feierlichen Verbindung fahren wollte.

ORSINA. Also die? Die sind bei dem Prinzen? die Braut?
und die Mutter der Braut? – Ist die Braut schön?   15

MARINELLI. Dem Prinzen geht ihr Unfall ungemein nahe.

ORSINA. Ich will hoffen; auch wenn sie hässlich wäre. Denn
ihr Schicksal ist schrecklich. – Armes, gutes Mädchen,
eben da er dein auf immer werden sollte, wird er dir auf
immer entrissen! – Wer ist sie denn, diese Braut? Kenn   20
ich sie gar? – Ich bin so lange aus der Stadt, dass ich von
nichts weiß.

MARINELLI. Es ist Emilia Galotti.

ORSINA. Wer? – Emilia Galotti? Emilia Galotti? – Marinelli!
dass ich diese Lüge nicht für Wahrheit nehme!   25

MARINELLI. Wieso?

ORSINA. Emilia Galotti?

MARINELLI. Die Sie schwerlich kennen werden –

ORSINA. Doch! doch! Wenn es auch nur von heute wäre. –
Im Ernst, Marinelli? Emilia Galotti? – Emilia Galotti   30
wäre die unglückliche Braut, die der Prinz tröstet?

MARINELLI *(vor sich)*. Sollte ich ihr schon zu viel gesagt haben?

ORSINA. Und Graf Appiani war der Bräutigam dieser
Braut? der eben erschossene Appiani?   35

MARINELLI. Nicht anders.

ORSINA. Bravo! o bravo! bravo! *(In die Hände schlagend.)*

MARINELLI. Wie das?

ORSINA. Küssen möcht ich den Teufel, der ihn dazu verleitet hat!

5 MARINELLI. Wen? verleitet? wozu?

ORSINA. Ja, küssen, küssen möcht ich ihn – Und wenn Sie selbst dieser Teufel wären, Marinelli.

MARINELLI. Gräfin!

ORSINA. Kommen Sie her! Sehen Sie mich an! steif an! Aug
10 in Auge!

MARINELLI. Nun?

ORSINA. Wissen Sie nicht, was ich denke?

MARINELLI. Wie kann ich das?

ORSINA. Haben Sie keinen Anteil daran?

15 MARINELLI. Woran?

ORSINA. Schwören Sie! – Nein, schwören Sie nicht. Sie möchten eine Sünde mehr begehen – Oder ja; schwören Sie nur. Eine Sünde mehr oder weniger für einen, der doch verdammt ist! – Haben Sie keinen Anteil daran?

20 MARINELLI. Sie erschrecken mich, Gräfin.

ORSINA. Gewiss? – Nun, Marinelli, argwohnet Ihr gutes Herz auch nichts?

MARINELLI. Was? worüber?

ORSINA. Wohl, – so will ich Ihnen etwas vertrauen; – etwas,
25 das Ihnen jedes Haar auf dem Kopfe zu Berge sträuben soll. – Aber hier, so nahe an der Türe, möchte uns jemand hören. Kommen Sie hierher. – Und! *(Indem sie den Finger auf den Mund legt.)* Hören Sie! ganz in geheim! ganz in geheim! *(Und ihren Mund seinem Ohre nähert, als ob sie
30 ihm zuflüstern wollte, was sie aber sehr laut ihm zuschreiet.)* Der Prinz ist ein Mörder!

MARINELLI. Gräfin, – Gräfin – sind Sie ganz von Sinnen?

ORSINA. Von Sinnen? Ha! ha! ha! *(Aus vollem Halse lachend.)* Ich bin selten, oder nie, mit meinem Verstande so wohl
35 zufrieden gewesen, als eben itzt. – Zuverlässig, Marinelli; – aber es bleibt unter uns – *(leise)* der Prinz ist ein Mör-

der! des Grafen Appiani Mörder! – Den haben nicht
Räuber, den haben Helfershelfer des Prinzen, den hat der
Prinz umgebracht!

MARINELLI. Wie kann Ihnen so eine Abscheulichkeit in den
Mund, in die Gedanken kommen?

ORSINA. Wie? – Ganz natürlich. – Mit dieser Emilia Galotti,
die hier bei ihm ist, – deren Bräutigam so über Hals über
Kopf sich aus der Welt trollen müssen, – mit dieser Emilia Galotti hat der Prinz heute Morgen, in der Halle bei
den Dominikanern, ein Langes und Breites gesprochen.
Das weiß ich; das haben meine Kundschafter gesehen. Sie
haben auch gehört, was er mit ihr gesprochen. – Nun, guter Herr? Bin ich von Sinnen? Ich reime, dächt ich, doch
noch so ziemlich zusammen, was zusammen gehört. –
Oder trifft auch das nur so von ungefähr zu? Ist Ihnen
auch das Zufall? O, Marinelli, so verstehen Sie auf die
Bosheit der Menschen sich ebenso schlecht, als auf die
Vorsicht.

MARINELLI. Gräfin, Sie würden sich um den Hals reden –

ORSINA. Wenn ich das mehrern sagte? – Desto besser, desto
besser! – Morgen will ich es auf dem Markte ausrufen. –
Und wer mir widerspricht – wer mir widerspricht, der
war des Mörders Spießgeselle. – Leben Sie wohl. *(Indem
sie fortgehen will, begegnet sie an der Türe dem alten Galotti,
der eiligst hereintritt.)*

Sechster Auftritt

ODOARDO GALOTTI. DIE GRÄFIN. MARINELLI.

ODOARDO. Verzeihen Sie, gnädige Frau –

ORSINA. Ich habe hier nichts zu verzeihen. Denn ich habe
hier nichts übel zu nehmen – An diesen Herrn wenden
Sie sich. *(Ihn nach dem Marinelli weisend.)*

MARINELLI *(indem er ihn erblicket, vor sich).* Nun vollends!
der Alte! –

ODOARDO. Vergeben Sie, mein Herr, einem Vater, der in der
äußersten Bestürzung ist, – dass er so unangemeldet hereintritt.

ORSINA. Vater? *(Kehrt wieder um.)* Der Emilia, ohne Zweifel.
– Ha, willkommen!

ODOARDO. Ein Bedienter kam mir entgegengesprengt, mit
der Nachricht, dass hierherum die Meinigen in Gefahr
wären. Ich fliege herzu, und höre, dass der Graf Appiani
verwundet worden; dass er nach der Stadt zurückgekeh-
ret; dass meine Frau und Tochter sich in das Schloss gerettet. – Wo sind sie, mein Herr? wo sind sie?

MARINELLI. Sein Sie ruhig, Herr Oberster. Ihrer Gemahlin
und Ihrer Tochter ist nichts Übels widerfahren; den
Schreck ausgenommen. Sie befinden sich beide wohl. Der
Prinz ist bei ihnen. Ich gehe sogleich, Sie zu melden.

ODOARDO. Warum melden? erst melden?

MARINELLI. Aus Ursachen – von wegen – Von wegen des
Prinzen. Sie wissen, Herr Oberster, wie Sie mit dem
Prinzen stehen. Nicht auf dem freundschaftlichsten Fuße.
So gnädig er sich gegen Ihre Gemahlin und Tochter be-
zeiget: – es sind Damen – Wird darum auch Ihr unvermu-
teter Anblick ihm gelegen sein?

ODOARDO. Sie haben Recht, mein Herr; Sie haben Recht.

MARINELLI. Aber, gnädige Gräfin, – kann ich vorher die
Ehre haben, Sie nach Ihrem Wagen zu begleiten?

ORSINA. Nicht doch, nicht doch.

MARINELLI *(sie bei der Hand nicht unsanft ergreifend)*. Erlauben Sie, dass ich meine Schuldigkeit beobachte. –

ORSINA. Nur gemach! – Ich erlasse Sie deren, mein Herr. –
Dass doch immer Ihresgleichen Höflichkeit zur Schuldigkeit machen; um was eigentlich ihre Schuldigkeit wäre, als
die Nebensache betreiben zu dürfen! – Diesen würdigen
Mann je eher je lieber zu melden, das ist Ihre Schuldigkeit.

MARINELLI. Vergessen Sie, was Ihnen der Prinz selbst befohlen?

ORSINA. Er komme, und befehle es mir noch einmal. Ich erwarte ihn.

MARINELLI *(leise zu dem Obersten, den er beiseite ziehet).*
Mein Herr, ich muss Sie hier mit einer Dame lassen, die
– der – mit deren Verstande – Sie verstehen mich. Ich sage
Ihnen dieses, damit Sie wissen, was Sie auf ihre Reden
zu geben haben, – deren sie oft sehr seltsame führet. Am
besten, Sie lassen sich mit ihr nicht ins Wort.

ODOARDO. Recht wohl. – Eilen Sie nur, mein Herr.

Siebenter Auftritt

DIE GRÄFIN ORSINA. ODOARDO GALOTTI.

ORSINA *(nach einigem Stillschweigen, unter welchem sie den
Obersten mit Mitleid betrachtet; so wie er sie, mit einer flüch-
tigen Neugierde).* Was er Ihnen auch da gesagt hat, unglücklicher Mann! –

ODOARDO *(halb vor sich, halb gegen sie).* Unglücklicher?

ORSINA. Eine Wahrheit war es gewiss nicht; – am wenigsten
eine von denen, die auf Sie warten.

ODOARDO. Auf mich warten? – Weiß ich nicht schon genug?
– Madame! – Aber, reden Sie nur, reden Sie nur.

ORSINA. Sie wissen nichts.

ODOARDO. Nichts?

ORSINA. Guter, lieber Vater! – Was gäbe ich darum, wann
Sie auch mein Vater wären! – Verzeihen Sie! die Unglück-
lichen ketten sich so gern aneinander. – Ich wollte treulich
Schmerz und Wut mit Ihnen teilen.

ODOARDO. Schmerz und Wut? Madame! – Aber ich vergesse – Reden Sie nur.

ORSINA. Wenn es gar Ihre einzige Tochter – Ihr einziges
Kind wäre! – Zwar einzig, oder nicht. Das unglückliche
Kind, ist immer das einzige.

ODOARDO. Das unglückliche? – Madame! – Was will ich von
ihr? – Doch, bei Gott, so spricht keine Wahnwitzige!

ORSINA. Wahnwitzige? Das war es also, was er Ihnen von
mir vertraute? – Nun, nun; es mag leicht keine von seinen
gröbsten Lügen sein. – Ich fühle so was! – Und glauben
Sie, glauben Sie mir: wer über gewisse Dinge den Verstand nicht verlieret, der hat keinen zu verlieren. –

ODOARDO. Was soll ich denken?

ORSINA. Dass Sie mich also ja nicht verachten! – Denn auch
Sie haben Verstand, guter Alter; auch Sie. – Ich seh es an
dieser entschlossenen, ehrwürdigen Miene. Auch Sie haben Verstand; und es kostet mich ein Wort, – so haben Sie
keinen.

ODOARDO. Madame! – Madame! – Ich habe schon keinen
mehr, noch ehe Sie mir dieses Wort sagen, wenn Sie mir
es nicht bald sagen. – Sagen Sie es! sagen Sie es! – Oder
es ist nicht wahr, – es ist nicht wahr, dass Sie von jener
guten, unsers Mitleids, unserer Hochachtung so würdigen Gattung der Wahnwitzigen sind – Sie sind eine ge-
meine Törin. Sie haben nicht, was Sie nie hatten.

ORSINA. So merken Sie auf! – Was wissen Sie, der Sie schon
genug wissen wollen? Dass Appiani verwundet worden?
Nur verwundet? – Appiani ist tot!

ODOARDO. Tot? tot? – Ha, Frau, das ist wider die Abrede.
Sie wollten mich um den Verstand bringen: und Sie brechen mir das Herz.

ORSINA. Das beiher! – Nur weiter. – Der Bräutigam ist tot:
und die Braut – Ihre Tochter – schlimmer als tot.

ODOARDO. Schlimmer? schlimmer als tot? – Aber doch
zugleich, auch tot? – Denn ich kenne nur Ein Schlim-
meres –

ORSINA. Nicht zugleich auch tot. Nein, guter Vater, nein! –
Sie lebt, sie lebt. Sie wird nun erst recht anfangen zu le-
ben. – Ein Leben voll Wonne! Das schönste, lustigste
Schlaraffenleben, – solang es dauert.

ODOARDO. Das Wort, Madame; das einzige Wort, das mich
um den Verstand bringen soll! heraus damit! – Schütten

Sie nicht Ihren Tropfen Gift in einen Eimer. – Das einzige
Wort! geschwind.

ORSINA. Nun da; buchstabieren Sie es zusammen! – Des
Morgens, sprach der Prinz Ihre Tochter in der Messe; des
Nachmittags, hat er sie auf seinem Lust- – Lustschlosse.   5

ODOARDO. Sprach sie in der Messe? Der Prinz meine Tochter?

ORSINA. Mit einer Vertraulichkeit! mit einer Inbrunst! – Sie
hatten nichts Kleines abzureden. Und recht gut, wenn es
abgeredet worden; recht gut, wenn Ihre Tochter freiwillig   10
sich hierher gerettet! Sehen Sie: so ist es doch keine ge-
waltsame Entführung; sondern bloß ein kleiner – kleiner
Meuchelmord.

ODOARDO. Verleumdung! verdammte Verleumdung! Ich
kenne meine Tochter. Ist es Meuchelmord: so ist es auch   15
Entführung. – *(Blickt wild um sich, und stampft, und schäumet.)* Nun, Claudia? Nun, Mütterchen? – Haben wir
nicht Freude erlebt! O des gnädigen Prinzen! O der ganz
besondern Ehre!

ORSINA. Wirkt es, Alter! wirkt es?   20

ODOARDO. Da steh ich nun vor der Höhle des Räubers –
*(Indem er den Rock von beiden Seiten auseinander schlägt,
und sich ohne Gewehr sieht.)* Wunder, dass ich aus Eilfer-
tigkeit nicht auch die Hände zurückgelassen! – *(An alle
Schubsäcke fühlend, als etwas suchend.)* Nichts! gar nichts!   25
nirgends!

ORSINA. Ha, ich verstehe! – Damit kann ich aushelfen! – Ich
hab einen mitgebracht. *(Einen Dolch hervorziehend.)* Da
nehmen Sie! Nehmen Sie geschwind, eh uns jemand sieht.
– Auch hätte ich noch etwas, – Gift. Aber Gift ist nur für
uns Weiber; nicht für Männer. – Nehmen Sie ihn! *(Ihm
den Dolch aufdringend.)* Nehmen Sie!

ODOARDO. Ich danke, ich danke. – Liebes Kind, wer wieder
sagt, dass du eine Närrin bist, der hat es mit mir zu tun.

ORSINA. Stecken Sie beiseite! geschwind beiseite! – Mir wird
die Gelegenheit versagt, Gebrauch davon zu machen. Ih-

nen wird sie nicht fehlen, diese Gelegenheit: und Sie werden sie ergreifen, die erste, die beste, – wenn Sie ein Mann
sind. – Ich, ich bin nur ein Weib: aber so kam ich her! fest
entschlossen! – Wir, Alter, wir können uns alles vertrauen. Denn wir sind beide beleidigt; von dem nämlichen Verführer beleidigt. – Ah, wenn Sie wüssten, –
wenn Sie wüssten, wie überschwänglich, wie unaus-
sprechlich, wie unbegreiflich ich von ihm beleidiget worden, und noch werde: – Sie könnten, Sie würden Ihre eigene Beleidigung darüber vergessen. – Kennen Sie mich?
Ich bin Orsina; die betrogene, verlassene Orsina. – Zwar
vielleicht nur um Ihre Tochter verlassen. – Doch was
kann Ihre Tochter dafür? – Bald wird auch sie verlassen
sein. – Und dann wieder eine! – Und wieder eine! – Ha!
(wie in der Entzückung) welch eine himmlische Phantasie!
Wann wir einmal alle, – wir, das ganze Heer der Verlasse-
nen, – wir alle in Bacchantinnen, in Furien verwandelt,
wenn wir alle ihn unter uns hätten, ihn unter uns zerris-
sen, zerfleischten, sein Eingeweide durchwühlten, – um
das Herz zu finden, das der Verräter einer jeden versprach, und keiner gab! Ha! das sollte ein Tanz werden!
das sollte!

Achter Auftritt

CLAUDIA GALOTTI. DIE VORIGEN.

CLAUDIA *(die im Hereintreten sich umsieht, und sobald sie ihren Gemahl erblickt, auf ihn zuflieget).* Erraten! – Ah, unser Beschützer, unser Retter! Bist du da, Odoardo? Bist
du da? – Aus ihren Wispern, aus ihren Mienen schloss ich
es. – Was soll ich dir sagen, wenn du noch nichts weißt?
– Was soll ich dir sagen, wenn du schon alles weißt? –
Aber wir sind unschuldig. Ich bin unschuldig. Deine
Tochter ist unschuldig. Unschuldig, in allem unschuldig!
ODOARDO *(der sich bei Erblickung seiner Gemahlin zu fassen*

gesucht). Gut, gut. Sei nur ruhig, nur ruhig, – und antworte mir. *(Gegen die Orsina.)* Nicht Madame, als ob ich noch zweifelte – Ist der Graf tot?

CLAUDIA. Tot.

ODOARDO. Ist es wahr, dass der Prinz heute Morgen Emilien in der Messe gesprochen?

CLAUDIA. Wahr. Aber wenn du wüsstest, welchen Schreck es ihr verursacht; in welcher Bestürzung sie nach Hause kam –

ORSINA. Nun, hab ich gelogen?

ODOARDO *(mit einem bittern Lachen).* Ich wollt' auch nicht, Sie hätten! Um wie vieles nicht!

ORSINA. Bin ich wahnwitzig?

ODOARDO *(wild hin und her gehend).* O, – noch bin ich es auch nicht.

CLAUDIA. Du gebotest mir ruhig zu sein; und ich bin ruhig. – Bester Mann, darf auch ich – ich dich bitten –

ODOARDO. Was willst du? Bin ich nicht ruhig? Kann man ruhiger sein, als ich bin? – *(Sich zwingend.)* Weiß es Emilia, dass Appiani tot ist?

CLAUDIA. Wissen kann sie es nicht. Aber ich fürchte, dass sie es argwohnet; weil er nicht erscheinet. –

ODOARDO. Und sie jammert und winselt –

CLAUDIA. Nicht mehr. – Das ist vorbei: nach ihrer Art, die du kennst. Sie ist die Furchtsamste und Entschlossenste unsers Geschlechts. Ihrer ersten Eindrücke nie mächtig; aber nach der geringsten Überlegung, in alles sich findend, auf alles gefasst. Sie hält den Prinzen in einer Entfernung; sie spricht mit ihm in einem Tone – Mache nur, Odoardo, dass wir wegkommen.

ODOARDO. Ich bin zu Pferde. – Was zu tun? – Doch, Madame, Sie fahren ja nach der Stadt zurück?

ORSINA. Nicht anders.

ODOARDO. Hätten Sie wohl die Gewogenheit, meine Frau mit sich zu nehmen?

ORSINA. Warum nicht? Sehr gern.

ODOARDO. Claudia, – *(ihr die Gräfin bekannt machend)* die
Gräfin Orsina; eine Dame von großem Verstande; meine
Freundin, meine Wohltäterin. – Du musst mit ihr herein;
um uns sogleich den Wagen herauszuschicken. Emilia
darf nicht wieder nach Guastalla. Sie soll mit mir.

CLAUDIA. Aber – wenn nur – Ich trenne mich ungern von
dem Kinde.

ODOARDO. Bleibt der Vater nicht in der Nähe? Man wird
ihn endlich doch vorlassen. Keine Einwendung! – Kommen Sie, gnädige Frau. *(Leise zu ihr.)* Sie werden von mir
hören. – Komm, Claudia. *(Er führt sie ab.)*

Fünfter Aufzug

Die Szene bleibt.

Erster Auftritt

MARINELLI. DER PRINZ.

MARINELLI. Hier, gnädiger Herr, aus diesem Fenster können
Sie ihn sehen. Er geht die Arkade auf und nieder. – Eben
biegt er ein; er kömmt. – Nein, er kehrt wieder um. –
Ganz einig ist er mit sich noch nicht. Aber um ein Gro-
ßes ruhiger ist er, – oder scheinet er. Für uns gleichviel! –
Natürlich! Was ihm auch beide Weiber in den Kopf gesetzt haben, wird er es wagen zu äußern? – Wie Battista
gehört, soll ihm seine Frau den Wagen sogleich heraus-
senden. Denn er kam zu Pferde. – Geben Sie Acht, wenn
er nun vor Ihnen erscheinet, wird er ganz untertänig
Eurer Durchlaucht für den gnädigen Schutz danken, den
seine Familie bei diesem so traurigen Zufalle hier gefunden; wird sich, mitsamt seiner Tochter, zu fernerer Gnade
empfehlen; wird sie ruhig nach der Stadt bringen, und es
in tiefster Unterwerfung erwarten, welchen weitern Anteil Euer Durchlaucht an seinem unglücklichen, lieben
Mädchen zu nehmen geruhen wollen.

DER PRINZ. Wenn er nun aber so zahm nicht ist? Und
schwerlich, schwerlich wird er es sein. Ich kenne ihn zu
gut. – Wenn er höchstens seinen Argwohn erstickt, seine
Wut verbeißt: aber Emilien, anstatt sie nach der Stadt zu
führen, mit sich nimmt? bei sich behält? oder wohl gar
in ein Kloster, außer meinem Gebiete, verschließt? Wie
dann?

MARINELLI. Die fürchtende Liebe sieht weit. Wahrlich! –
Aber er wird ja nicht –

DER PRINZ. Wenn er nun aber! Wie dann? Was wird es uns
dann helfen, dass der unglückliche Graf sein Leben darüber verloren?

MARINELLI. Wozu dieser traurige Seitenblick? Vorwärts!
denkt der Sieger: es falle neben ihm Feind oder Freund.
– Und wenn auch! Wenn er es auch wollte, der alte Neidhart, was Sie von ihm fürchten, Prinz: – *(Überlegend.)* Das
geht! Ich hab es! – Weiter als zum Wollen, soll er es gewiss nicht bringen. Gewiss nicht! – Aber dass wir ihn
nicht aus dem Gesichte verlieren. – *(Tritt wieder ans Fenster.)* Bald hätt er uns überrascht! Er kömmt. – Lassen Sie
uns ihm noch ausweichen: und hören Sie erst, Prinz, was
wir auf den zu befürchtenden Fall tun müssen.

DER PRINZ *(drohend)*. Nur, Marinelli! –

MARINELLI. Das Unschuldigste von der Welt!

Zweiter Auftritt

ODOARDO GALOTTI.

Noch niemand hier? – Gut; ich soll noch kälter werden.
Es ist mein Glück. – Nichts verächtlicher, als ein brausen-
der Jünglingskopf mit grauen Haaren! Ich hab es mir so
oft gesagt. Und doch ließ ich mich fortreißen: und von
wem? Von einer Eifersüchtigen; von einer für Eifersucht
Wahnwitzigen. – Was hat die gekränkte Tugend mit der
Rache des Lasters zu schaffen? Jene allein hab ich zu retten. – Und deine Sache, – mein Sohn! mein Sohn! – Weinen konnt ich nie; – und will es nun nicht erst lernen –
Deine Sache wird ein ganz anderer zu seiner machen!
Genug für mich, wenn dein Mörder die Frucht seines
Verbrechens nicht genießt. – Dies martere ihn mehr, als
das Verbrechen! Wenn nun bald ihn Sättigung und Eckel
von Lüsten zu Lüsten treiben; so vergälle die Erinnerung,
diese eine Lust nicht gebüßet zu haben, ihm den Genuss
aller! In jedem Traume führe der blutige Bräutigam ihm
die Braut vor das Bette; und wann er dennoch den wollüstigen Arm nach ihr ausstreckt: so höre er plötzlich das
Hohngelächter der Hölle, und erwache!

Dritter Auftritt

MARINELLI. ODOARDO GALOTTI.

MARINELLI. Wo blieben Sie, mein Herr? wo blieben Sie?

ODOARDO. War meine Tochter hier?

MARINELLI. Nicht sie: aber der Prinz.   5

ODOARDO. Er verzeihe. – Ich habe die Gräfin begleitet.

MARINELLI. Nun?

ODOARDO. Die gute Dame!

MARINELLI. Und Ihre Gemahlin?

ODOARDO. Ist mit der Gräfin; – um uns den Wagen sogleich   10
herauszusenden. Der Prinz vergönne nur, dass ich mich
so lange mit meiner Tochter noch hier verweile.

MARINELLI. Wozu diese Umstände? Würde sich der Prinz
nicht ein Vergnügen daraus gemacht haben, sie beide,
Mutter und Tochter, selbst nach der Stadt zu bringen?   15

ODOARDO. Die Tochter wenigstens würde diese Ehre haben
verbitten müssen.

MARINELLI. Wieso?

ODOARDO. Sie soll nicht mehr nach Guastalla.

MARINELLI. Nicht? und warum nicht?   20

ODOARDO. Der Graf ist tot.

MARINELLI. Um so viel mehr –

ODOARDO. Sie soll mit mir.

MARINELLI. Mit Ihnen?

ODOARDO. Mit mir. Ich sage Ihnen ja, der Graf ist tot. –   25
Wenn Sie es noch nicht wissen – Was hat sie nun weiter
in Guastalla zu tun? – Sie soll mit mir.

MARINELLI. Allerdings wird der künftige Aufenthalt der
Tochter einzig von dem Willen des Vaters abhangen. Nur
vors Erste –

ODOARDO. Was vors Erste?

MARINELLI. Werden Sie wohl erlauben müssen, Herr
Oberster, dass sie nach Guastalla gebracht wird.

ODOARDO. Meine Tochter? nach Guastalla gebracht wird?
und warum?

MARINELLI. Warum? Erwägen Sie doch nur –

ODOARDO *(hitzig)*. Erwägen! erwägen! Ich erwäge, dass hier nichts zu erwägen ist. – Sie soll, sie muss mit mir.

MARINELLI. O mein Herr, – was brauchen wir, uns hierüber zu ereifern? Es kann sein, dass ich mich irre; dass es nicht nötig ist, was ich für nötig halte. – Der Prinz wird es am besten zu beurteilen wissen. Der Prinz entscheide. – Ich geh und hole ihn.

Vierter Auftritt

ODOARDO GALOTTI.

Wie? – Nimmermehr! – Mir vorschreiben, wo sie hin soll? – Mir sie vorenthalten? – Wer will das? Wer darf das? – Der hier alles darf, was er will? Gut, gut; so soll er sehen, wie viel auch ich darf, ob ich es schon nicht dürfte! Kurzsichtiger Wüterich! Mit dir will ich es wohl aufnehmen. Wer kein Gesetz achtet, ist ebenso mächtig, als wer kein Gesetz hat. Das weißt du nicht? Komm an! komm an! – Aber, sieh da! Schon wieder; schon wieder rennet der Zorn mit dem Verstande davon. – Was will ich? Erst müsst es doch geschehen sein, worüber ich tobe. Was plaudert nicht eine Hofschranze! Und hätte ich ihn doch nur plaudern lassen! Hätte ich seinen Vorwand, warum sie wieder nach Guastalla soll, doch nur angehört! – So könnte ich mich itzt auf eine Antwort gefasst machen. – Zwar auf welchen kann mir eine fehlen? – Sollte sie mir aber fehlen; sollte sie – Man kömmt. Ruhig, alter Knabe, ruhig!

Fünfter Auftritt

DER PRINZ. MARINELLI. ODOARDO GALOTTI.

DER PRINZ. Ah, mein lieber, rechtschaffner Galotti, – so etwas muss auch geschehen, wenn ich Sie bei mir sehen soll. Um ein Geringeres tun Sie es nicht. Doch keine Vorwürfe!

ODOARDO. Gnädiger Herr, ich halte es in allen Fällen für unanständig, sich zu seinem Fürsten zu drängen. Wen er kennt, den wird er fodern lassen, wenn er seiner bedarf. Selbst itzt bitte ich um Verzeihung –

DER PRINZ. Wie manchem andern wollte ich diese stolze Bescheidenheit wünschen! – Doch zur Sache. Sie werden begierig sein, Ihre Tochter zu sehen. Sie ist in neuer Unruhe, wegen der plötzlichen Entfernung einer so zärtlichen Mutter. – Wozu auch diese Entfernung? Ich wartete nur, dass die liebenswürdige Emilie sich völlig erholet hätte, um beide im Triumphe nach der Stadt zu bringen. Sie haben mir diesen Triumph um die Hälfte verkümmert; aber ganz werde ich mir ihn nicht nehmen lassen.

ODOARDO. Zu viel Gnade! – Erlauben Sie, Prinz, dass ich meinem unglücklichen Kinde alle die mannigfaltigen Kränkungen erspare, die Freund und Feind, Mitleid und Schadenfreude in Guastalla für sie bereit halten.

DER PRINZ. Um die süßen Kränkungen des Freundes und des Mitleids, würde es Grausamkeit sein, sie zu bringen. Dass aber die Kränkungen des Feindes und der Schadenfreude sie nicht erreichen sollen; dafür, lieber Galotti, lassen Sie mich sorgen.

ODOARDO. Prinz, die väterliche Liebe teilet ihre Sorgen nicht gern. – Ich denke, ich weiß es, was meiner Tochter in ihren itzigen Umständen einzig ziemet. – Entfernung aus der Welt; – ein Kloster, – so bald als möglich.

DER PRINZ. Ein Kloster?

ODOARDO. Bis dahin weine sie unter den Augen ihres Vaters.

DER PRINZ. So viel Schönheit soll in einem Kloster verblü-
hen? – Darf eine einzige fehlgeschlagene Hoffnung uns
gegen die Welt so unversöhnlich machen? – Doch allerdings: dem Vater hat niemand einzureden. Bringen Sie
5 Ihre Tochter, Galotti, wohin Sie wollen.

ODOARDO *(gegen Marinelli).* Nun, mein Herr?

MARINELLI. Wenn Sie mich so gar auffodern! –

ODOARDO. O mitnichten, mitnichten.

DER PRINZ. Was haben Sie beide?

10 ODOARDO. Nichts, gnädiger Herr, nichts. – Wir erwägen
bloß, welcher von uns sich in Ihnen geirret hat.

DER PRINZ. Wieso? – Reden Sie, Marinelli.

MARINELLI. Es geht mir nahe, der Gnade meines Fürsten in
den Weg zu treten. Doch wenn die Freundschaft gebietet,
15 vor allem in ihm den Richter aufzufodern –

DER PRINZ. Welche Freundschaft? –

MARINELLI. Sie wissen, gnädiger Herr, wie sehr ich den Grafen Appiani liebte; wie sehr unser beider Seelen ineinan-
der verwebt schienen –

20 ODOARDO. Das wissen Sie, Prinz? So wissen Sie es wahrlich
allein.

MARINELLI. Von ihm selbst zu seinem Rächer bestellet –

ODOARDO. Sie?

MARINELLI. Fragen Sie nur Ihre Gemahlin. Marinelli, der
25 Name Marinelli war das letzte Wort des sterbenden Grafen: und in einem Tone! in einem Tone! – Dass er mir nie
aus dem Gehöre komme dieser schreckliche Ton, wenn
ich nicht alles anwende, dass seine Mörder entdeckt und
bestraft werden!

30 DER PRINZ. Rechnen Sie auf meine kräftigste Mitwirkung.

ODOARDO. Und meine heißesten Wünsche! – Gut, gut! –
Aber was weiter?

DER PRINZ. Das frag ich, Marinelli.

MARINELLI. Man hat Verdacht, dass es nicht Räuber gewesen, welche den Grafen angefallen.

ODOARDO *(höhnisch).* Nicht? wirklich nicht?

MARINELLI. Dass ein Nebenbuhler ihn aus dem Wege räu-
men lassen.

ODOARDO *(bitter)*. Ei! ein Nebenbuhler?

MARINELLI. Nicht anders.

ODOARDO. Nun dann, – Gott verdamm' ihn den meuchel-   5
mörderschen Buben!

MARINELLI. Ein Nebenbuhler, und ein begünstigter Nebenbuhler –

ODOARDO. Was? ein begünstigter? – Was sagen Sie?

MARINELLI. Nichts, als was das Gerüchte verbreitet.   10

ODOARDO. Ein begünstigter? von meiner Tochter begünsti-
get?

MARINELLI. Das ist gewiss nicht. Das kann nicht sein. Dem
widersprech ich, trotz Ihnen. – Aber bei dem allen, gnädiger Herr, – Denn das gegründetste Vorurteil wieget auf   15
der Waage der Gerechtigkeit so viel als nichts – bei dem
allen wird man doch nicht umhin können, die schöne
Unglückliche darüber zu vernehmen.

DER PRINZ. Jawohl, allerdings.

MARINELLI. Und wo anders? wo kann das anders geschehen,   20
als in Guastalla?

DER PRINZ. Da haben Sie Recht, Marinelli; da haben Sie
Recht. – Ja so: das verändert die Sache, lieber Galotti.
Nicht wahr? Sie sehen selbst –

ODOARDO. O ja, ich sehe – Ich sehe, was ich sehe. – Gott!   25
Gott!

DER PRINZ. Was ist Ihnen? was haben Sie mit sich?

ODOARDO. Dass ich es nicht vorausgesehen, was ich da sehe.
Das ärgert mich: weiter nichts. – Nun ja; sie soll wieder
nach Guastalla. Ich will sie wieder zu ihrer Mutter bringen: und bis die strengste Untersuchung sie freigespro-
chen, will ich selbst aus Guastalla nicht weichen. Denn
wer weiß, – *(mit einem bittern Lachen)* wer weiß, ob die
Gerechtigkeit nicht auch nötig findet, mich zu vernehmen.

MARINELLI. Sehr möglich! In solchen Fällen tut die Gerech-

tigkeit lieber zu viel, als zu wenig. – Daher fürchte ich sogar –

DER PRINZ. Was? was fürchten Sie?

MARINELLI. Man werde vorderhand nicht verstatten kön-
5   nen, dass Mutter und Tochter sich sprechen.

ODOARDO. Sich nicht sprechen?

MARINELLI. Man werde genötiget sein, Mutter und Tochter
zu trennen.

ODOARDO. Mutter und Tochter zu trennen?

10 MARINELLI. Mutter und Tochter und Vater. Die Form des
Verhörs erfodert diese Vorsichtigkeit schlechterdings.
Und es tut mir leid, gnädiger Herr, dass ich mich ge-
zwungen sehe, ausdrücklich darauf anzutragen, wenigstens Emilien in eine besondere Verwahrung zu bringen.

15 ODOARDO. Besondere Verwahrung? – Prinz! Prinz! – Doch
ja; freilich, freilich! Ganz recht: in eine besondere Verwahrung! Nicht, Prinz? nicht? – O wie fein die Gerechtigkeit ist! Vortrefflich! *(Fährt schnell nach dem Schub-
sacke, in welchem er den Dolch hat.)*

20 DER PRINZ *(schmeichelhaft auf ihn zutretend).* Fassen Sie sich,
lieber Galotti –

ODOARDO *(beiseite, indem er die Hand leer wieder heraus-
zieht).* Das sprach sein Engel!

DER PRINZ. Sie sind irrig; Sie verstehen ihn nicht. Sie denken
25 bei dem Worte Verwahrung, wohl gar an Gefängnis und
Kerker.

ODOARDO. Lassen Sie mich daran denken: und ich bin ruhig!

DER PRINZ. Kein Wort von Gefängnis, Marinelli! Hier ist
30 die Strenge der Gesetze mit der Achtung gegen unbescholtene Tugend leicht zu vereinigen. Wenn Emilia in
besondere Verwahrung gebracht werden muss: so weiß
ich schon – die alleranständigste. Das Haus meines Kanzlers – Keinen Widerspruch, Marinelli! – Da will ich sie
selbst hinbringen, da will ich sie der Aufsicht einer der
würdigsten Damen übergeben. Die soll mir für sie bür-

gen, haften. – Sie gehen zu weit, Marinelli, wirklich zu
weit, wenn Sie mehr verlangen. – Sie kennen doch, Galotti, meinen Kanzler Grimaldi, und seine Gemahlin?

ODOARDO. Was sollt ich nicht? Sogar die liebenswürdigen
Töchter dieses edeln Paares kenn ich. Wer kennt sie   5
nicht? – *(Zu Marinelli.)* Nein, mein Herr, geben Sie das
nicht zu. Wenn Emilia verwahrt werden muss: so müsse
sie in dem tiefsten Kerker verwahret werden. Dringen Sie
darauf; ich bitte Sie. – Ich Tor, mit meiner Bitte! ich alter
Geck! – Ja wohl hat sie Recht die gute Sibylle: Wer über   10
gewisse Dinge seinen Verstand nicht verlieret, der hat
keinen zu verlieren!

DER PRINZ. Ich verstehe Sie nicht. – Lieber Galotti, was
kann ich mehr tun? – Lassen Sie es dabei: ich bitte Sie. –
Ja, ja, in das Haus meines Kanzlers! da soll sie hin; da   15
bring ich sie selbst hin; und wenn ihr da nicht mit der äußersten Achtung begegnet wird, so hat mein Wort nichts
gegolten. Aber sorgen Sie nicht. – Dabei bleibt es! dabei
bleibt es! – Sie selbst, Galotti, mit sich, können es halten,
wie Sie wollen. Sie können uns nach Guastalla folgen; Sie 20
können nach Sabionetta zurückkehren: wie Sie wollen. Es
wäre lächerlich, Ihnen vorzuschreiben. – Und nun, auf
Wiedersehen, lieber Galotti! – Kommen Sie, Marinelli: es
wird spät.

ODOARDO *(der in tiefen Gedanken gestanden).* Wie? so soll   25
ich sie gar nicht sprechen meine Tochter? Auch hier
nicht? – Ich lasse mir ja alles gefallen; ich finde ja alles
ganz vortrefflich. Das Haus eines Kanzlers ist natür-
licherweise eine Freistatt der Tugend. O, gnädiger Herr,
bringen Sie ja meine Tochter dahin; nirgends anders als
dahin. – Aber sprechen wollt ich sie doch gerne vorher.
Der Tod des Grafen ist ihr noch unbekannt. Sie wird
nicht begreifen können, warum man sie von ihren Eltern
trennet. Ihr jenen auf gute Art beizubringen; sie dieser
Trennung wegen zu beruhigen: – muss ich sie sprechen,
gnädiger Herr, muss ich sie sprechen.

DER PRINZ. So kommen Sie denn –

ODOARDO. O, die Tochter kann auch wohl zu dem Vater kommen. – Hier, unter vier Augen, bin ich gleich mit ihr fertig. Senden Sie mir sie nur, gnädiger Herr.

DER PRINZ. Auch das! – O Galotti, wenn Sie mein Freund, mein Führer, mein Vater sein wollten! *(Der Prinz und Marinelli gehen ab.)*

Sechster Auftritt

ODOARDO GALOTTI.

(Ihm nachsehend; nach einer Pause.) Warum nicht? – Herzlich gern – Ha! ha! ha! – *(Blickt wild umher.)* Wer lacht da? – Bei Gott, ich glaub, ich war es selbst. – Schon recht! Lustig, lustig. Das Spiel geht zu Ende. So, oder so! – Aber – *(Pause)* wenn sie mit ihm sich verstünde? Wenn es das alltägliche Possenspiel wäre? Wenn sie es nicht wert wäre, was ich für sie tun will? – *(Pause.)* Für sie tun will? Was will ich denn für sie tun? – Hab ich das Herz, es mir zu sagen? – Da denk ich so was: So was, was sich nur denken lässt. – Grässlich! Fort, fort! Ich will sie nicht erwarten. Nein! – *(Gegen den Himmel.)* Wer sie unschuldig in diesen Abgrund gestürzt hat, der ziehe sie wieder heraus. Was braucht er meine Hand dazu? Fort! *(Er will gehen, und sieht Emilien kommen.)* Zu spät! Ah! er will meine Hand; er will sie!

Siebenter Auftritt

EMILIA. ODOARDO.

EMILIA. Wie? Sie hier, mein Vater? – Und nur Sie? – Und meine Mutter? nicht hier? – Und der Graf? nicht hier? – Und Sie so unruhig, mein Vater?

ODOARDO. Und du so ruhig, meine Tochter?

EMILIA. Warum nicht, mein Vater? – Entweder ist nichts
verloren: oder alles. Ruhig sein können, und ruhig sein
müssen: kömmt es nicht auf eines?

ODOARDO. Aber, was meinest du, dass der Fall ist?

EMILIA. Dass alles verloren ist; – und dass wir wohl ruhig   5
sein müssen, mein Vater.

ODOARDO. Und du wärest ruhig, weil du ruhig sein musst?
– Wer bist du? Ein Mädchen? und meine Tochter? So
sollte der Mann, und der Vater sich wohl vor dir schämen? – Aber lass doch hören: was nennest du, alles verlo-   10
ren? – dass der Graf tot ist?

EMILIA. Und warum er tot ist! Warum! – Ha, so ist es wahr,
mein Vater? So ist sie wahr die ganze schreckliche Ge-
schichte, die ich in dem nassen und wilden Auge meiner
Mutter las? – Wo ist meine Mutter? Wo ist sie hin, mein   15
Vater?

ODOARDO. Voraus; – wenn wir anders ihr nachkommen.

EMILIA. Je eher, je besser. Denn wenn der Graf tot ist; wenn
er darum tot ist – darum! was verweilen wir noch hier?
Lassen Sie uns fliehen, mein Vater!   20

ODOARDO. Fliehen? – Was hätt es dann für Not? – Du bist,
du bleibst in den Händen deines Räubers.

EMILIA. Ich bleibe in seinen Händen?

ODOARDO. Und allein; ohne deine Mutter; ohne mich.

EMILIA. Ich allein in seinen Händen? – Nimmermehr, mein   25
Vater. – Oder Sie sind nicht mein Vater. – Ich allein in seinen Händen? – Gut, lassen Sie mich nur; lassen Sie mich
nur. – Ich will doch sehn, wer mich hält, – wer mich
zwingt, – wer der Mensch ist, der einen Menschen zwin-
gen kann.

ODOARDO. Ich meine, du bist ruhig, mein Kind.

EMILIA. Das bin ich. Aber was nennen Sie ruhig sein? Die
Hände in den Schoß legen? Leiden, was man nicht sollte?
Dulden, was man nicht dürfte?

ODOARDO. Ha! wenn du so denkest! – Lass dich umarmen,
meine Tochter! – Ich hab es immer gesagt: das Weib
wollte die Natur zu ihrem Meisterstücke machen. Aber

sie vergriff sich im Tone; sie nahm ihn zu fein. Sonst ist
alles besser an Euch, als an Uns. – Ha, wenn das deine
Ruhe ist: so habe ich meine in ihr wiedergefunden! Lass
dich umarmen, meine Tochter! – Denke nur: unter dem
Vorwande einer gerichtlichen Untersuchung, – o des höl-
lischen Gaukelspieles! – reißt er dich aus unsern Armen,
und bringt dich zur Grimaldi.

EMILIA. Reißt mich? bringt mich? – Will mich reißen; will
mich bringen: will! will! – Als ob wir, wir keinen Willen
hätten, mein Vater!

ODOARDO. Ich ward auch so wütend, dass ich schon nach
diesem Dolche griff, *(ihn herausziehend)* um einem von
beiden – beiden! – das Herz zu durchstoßen.

EMILIA. Um des Himmels willen nicht, mein Vater! – Dieses
Leben ist alles, was die Lasterhaften haben. – Mir, mein
Vater, mir geben Sie diesen Dolch.

ODOARDO. Kind, es ist keine Haarnadel.

EMILIA. So werde die Haarnadel zum Dolche! – Gleichviel.

ODOARDO. Was? Dahin wäre es gekommen? Nicht doch;
nicht doch! Besinne dich. – Auch du hast nur Ein Leben
zu verlieren.

EMILIA. Und nur Eine Unschuld!

ODOARDO. Die über alle Gewalt erhaben ist. –

EMILIA. Aber nicht über alle Verführung. – Gewalt! Gewalt!
wer kann der Gewalt nicht trotzen? Was Gewalt heißt, ist
nichts: Verführung ist die wahre Gewalt. – Ich habe Blut,
mein Vater; so jugendliches, so warmes Blut, als eine.
Auch meine Sinne, sind Sinne. Ich stehe für nichts. Ich
bin für nichts gut. Ich kenne das Haus der Grimaldi. Es
ist das Haus der Freude. Eine Stunde da, unter den
Augen meiner Mutter; – und es erhob sich so mancher
Tumult in meiner Seele, den die strengsten Übungen der
Religion kaum in Wochen besänftigen konnten! – Der
Religion! Und welcher Religion? – Nichts Schlimmers zu
vermeiden, sprangen Tausende in die Fluten, und sind
Heilige! – Geben Sie mir, mein Vater, geben Sie mir die-
sen Dolch.

ODOARDO. Und wenn du ihn kenntest diesen Dolch! –

EMILIA. Wenn ich ihn auch nicht kenne! – Ein unbekannter
Freund, ist auch ein Freund. – Geben Sie mir ihn, mein
Vater; geben Sie mir ihn.

ODOARDO. Wenn ich dir ihn nun gebe – da! *(Gibt ihr ihn.)* 5

EMILIA. Und da! *(Im Begriffe sich damit zu durchstoßen, reißt
der Vater ihr ihn wieder aus der Hand.)*

ODOARDO. Sieh, wie rasch! – Nein, das ist nicht für deine
Hand.

EMILIA. Es ist wahr, mit einer Haarnadel soll ich – *(Sie fährt* 10
*mit der Hand nach dem Haare, eine zu suchen, und be-
kommt die Rose zu fassen.)* Du noch hier? – Herunter mit
dir! Du gehörest nicht in das Haar einer, – wie mein Vater
will, dass ich werden soll!

ODOARDO. O, meine Tochter! – 15

EMILIA. O, mein Vater, wenn ich Sie erriete! – Doch nein;
das wollen Sie auch nicht. Warum zauderten Sie sonst? –
(In einem bittern Tone, während dass sie die Rose zerpflückt.)
Ehedem wohl gab es einen Vater, der seine Tochter von
der Schande zu retten, ihr den ersten den besten Stahl in 20
das Herz senkte – ihr zum Zweiten das Leben gab. Aber
alle solche Taten sind von ehedem! Solcher Väter gibt es
keinen mehr!

ODOARDO. Doch, meine Tochter, doch! *(Indem er sie durch-
sticht.)* Gott, was hab ich getan! *(Sie will sinken, und er fasst* 25
sie in seine Arme.)

EMILIA. Eine Rose gebrochen, ehe der Sturm sie entblättert.
– Lassen sie mich sie küssen, diese väterliche Hand.

Achter Auftritt

DER PRINZ. MARINELLI. DIE VORIGEN.

DER PRINZ *(im Hereintreten)*. Was ist das? – Ist Emilien nicht
wohl?

ODOARDO. Sehr wohl; sehr wohl!

DER PRINZ *(indem er näher kömmt).* Was seh ich? – Entsetzen!

MARINELLI. Weh mir!

DER PRINZ. Grausamer Vater, was haben Sie getan?

ODOARDO. Eine Rose gebrochen, ehe der Sturm sie entblättert. – War es nicht so, meine Tochter?

EMILIA. Nicht Sie, mein Vater – Ich selbst – ich selbst –

ODOARDO. Nicht du, meine Tochter; – nicht du! – Gehe mit keiner Unwahrheit aus der Welt. Nicht du, meine Tochter! Dein Vater, dein unglücklicher Vater!

EMILIA. Ah – mein Vater – *(Sie stirbt, und er legt sie sanft auf den Boden.)*

ODOARDO. Zieh hin! – Nun da, Prinz! Gefällt sie Ihnen noch? Reizt sie noch Ihre Lüste? Noch, in diesem Blute, das wider Sie um Rache schreiet? *(Nach einer Pause.)* Aber Sie erwarten, wo das alles hinaus soll? Sie erwarten vielleicht, dass ich den Stahl wider mich selbst kehren werde, um meine Tat wie eine schale Tragödie zu beschließen? – Sie irren sich. Hier! *(Indem er ihm den Dolch vor die Füße wirft.)* Hier liegt er, der blutige Zeuge meines Verbrechens! Ich gehe und liefere mich selbst in das Gefängnis. Ich gehe, und erwarte Sie, als Richter. – Und dann dort – erwarte ich Sie vor dem Richter unser aller!

DER PRINZ *(nach einigem Stillschweigen, unter welchem er den Körper mit Entsetzen und Verzweiflung betrachtet, zu Marinelli).* Hier! heb ihn auf. – Nun? Du bedenkst dich? – Elender! – *(Indem er ihm den Dolch aus der Hand reißt.)* Nein, dein Blut soll mit diesem Blute sich nicht mischen. – Geh, dich auf ewig zu verbergen! – Geh! sag ich. – Gott! Gott! – Ist es, zum Unglücke so mancher, nicht genug, dass Fürsten Menschen sind: müssen sich auch noch Teufel in ihren Freund verstellen?

Ende des Trauerspiels.

Anmerkungen

Der Text der vorliegenden Ausgabe folgt der Edition:

Gotthold Ephraim Lessings sämtliche Schriften. Hrsg. von Karl Lachmann. Dritte, aufs neue durchgesehene und vermehrte Auflage, besorgt durch Franz Muncker. Bd. 2. Stuttgart: G. J. Göschen'sche Verlagshandlung, 1886. [Darin: *Emilia Galotti.*]

Die Orthographie wurde auf der Grundlage der neuen amtlichen Rechtschreibregeln behutsam modernisiert; der originale Lautstand und grammatische Eigenheiten blieben gewahrt. Die Interpunktion, die oftmals Kommata entgegen den heutigen Konventionen der Zeichensetzung gebraucht, um Zäsuren in der dramatischen Rede deutlich zu machen, folgt der Druckvorlage.

Erster Aufzug

5,2 *Szene:* griech. σκηνή ›Zelt‹. Im antiken Theater die Bühnenwand, der Spielhintergrund der Tragödie, der mit malerischen und architektonischen Mitteln zur Palastfassade ausgestattet wurde. Von daher überhaupt der Schauplatz im Theater, die Bühne und in weiteren Bedeutungen die Dekoration, der Auftritt, die Unterteilung eines Schauspielaktes.
Kabinett: (von frz. *cabinet*) kleiner Raum, Nebenzimmer.
Prinzen: Prinz (von lat. *princeps* ›der (im Rang) Erste‹) bedeutet bis zum Beginn des 19. Jh.s ›Fürst‹. Erst dann herrschte die sekundär entwickelte Bedeutung ›nichtregierendes Mitglied eines regierenden Hauses‹ ausschließlich.

5,5 *durchläuft:* überfliegt.

5,13 *lieset:* veraltete Form von *liest.*
gefodert: fodern: hier u. ö. veraltete Form von *fordern.*

5,19 *Marchese:* italienischer Adelstitel, im Range etwa zwischen Herzog und Graf.

5,29 *Läufer:* Die Läufer eilten dem Wagen ihres Herrn voran; sie wurden auch als Boten eingesetzt.

5,31 *Villa:* (lat.) vornehmes Landhaus; erst seit dem 19. Jh. ›im Garten freistehendes Einfamilienhaus‹.

6,17 *die Kunst geht nach Brot:* nach Luther, *Tischreden:* »So wohlfeil ist jetzt die Kunst, dass sie schier muss nach Brot gehen«, d. h., der Künstler muss zum Gelderwerb und Lebensunterhalt auf Bestellung arbeiten.

6,23 *nicht vieles; sondern viel:* nach dem geflügelten Wort des jüngeren Plinius (*Epistulae* VII,9): »Aiunt multum legendum esse, non multa« (»Es heißt, man soll viel lesen, nicht vielerlei«).

6,24 *leer:* mit leeren Händen.

7,3 *sitzen:* einem Maler zum Porträt sitzen.

7,4 *Stücke:* Bilder, Gemälde (vgl. *Blumenstück, Gartenstück*).

7,8 *mag!:* nun gut!

7,11 *beschwerliche:* lästige.

7,13 *Grund:* Malgrund, Grundierung, der erste, unmittelbar auf die Malfläche aufgetragene Anstrich.

7,18 *Behäglicher:* hier: Zufriedener, froher.

7,18 f. *ich bin so besser:* es geht mir so besser.

7,21 f. *verwandt:* abgewandt, umgedreht.

7,24 *Schranken:* hier: Grenzen.

7,25 *Anzüglichsten:* Anziehendsten.

8,1 *Original:* Urbild; das Modell des Bildes.

8,4 *die plastische Natur:* die Bildnerin Natur, von griech. πλάσσω ›bilden, formen‹.

8,5 *Abfall:* im Sinne von: dies fällt gegenüber jenem ab; das Zurückbleiben hinter einer Idealvorstellung.

8,6 *das Verderb:* die Verderbnis, das Verderben.

8,8 *noch eins:* noch einmal.

8,9 f. *dem ungeachtet:* trotzdem.

8,23 f. *Grazie:* Göttin der Anmut; die drei Grazien Aglaia, Euphrosyne und Thalia waren Begleiterinnen der Liebesgöttin in der Antike.

8,27 *Grimasse:* (von frz. *grimace*) Fratze.

8,28 f. *den wollüstigen Spötter:* den genussvoll spottenden Mund.

8,34 *hervorragenden:* im wörtlichen Sinn ›hervorstehenden‹.
Medusenaugen: Die Medusa war eine der drei Gorgonen in der griechischen Mythologie, der weiblichen Ungeheuer, deren furchtbarer Blick versteinerte.

8,36 *redlich:* Spiel mit der zweifachen Bedeutung von ›wahrheitsgemäß‹ und ›tüchtig‹.

9,2 *schließen:* erschließen.

9,3 f. *trübsinniger Schwärmerei:* Depression; Schwärmerei: von der Vernunft nicht mehr kontrolliertes Ausschweifen des Gefühls; vgl. auch Anm. zu 53,21.

9,16 *Ideal:* Wunschbild, erstrebtes Ziel, Vollkommenes.

9,17 f. *kömmt ... bei:* kommt nahe.

9,19 *Vorwürfen:* Sujets, Motiven.

9,23 f. *des Künstlers eigene Gebieterin:* seine Geliebte.

9,29 *zu verwenden:* abzuwenden.

9,31 *Vegghia:* (ital.) Abendgesellschaft.

9,32 *vorgekommen:* begegnet.

9,35 *Sabionetta:* richtig: Sabbioneta; Stammsitz einer Seitenlinie der
Gonzaga, um den die Fürsten von Guastalla bis zur endgültigen
Vereinigung (1703) einen Prozess mit unterschiedlichem Erfolg
führten.

9,36 *Degen:* Krieger, Held.
rau: neue Schreibung von *rauh.*
bieder: brav, rechtschaffen, tüchtig.

10,3 f. *dass man den Künstler ... vergisst:* vgl. das 36. Stück von
Lessings *Hamburgischer Dramaturgie:* »Das wahre Meisterstück, dünkt mich, erfüllet uns so ganz mit sich selbst, dass wir
des Urhebers darüber vergessen; dass wir es nicht als das Pro-
dukt eines einzeln Wesens, sondern der allgemeinen Natur betrachten. [...] Ich vermute, die wahre Ursache, warum wir so
wenig Zuverlässiges von der Person und den Lebensumständen
des Homers wissen, ist die Vortrefflichkeit seiner Gedichte
selbst.«

10,12 *verloren gehen müssen:* zu ergänzen: hat verloren gehen müssen; bes. im 18. Jh. übliche grammatikalisch verkürzte Form.

10,14 *verloren gehen lassen:* vgl. Anm. zu 10,12.

10,17 *Raphael:* Raffaello Santi (1483–1520), italienischer Maler und
Baumeister der Renaissance.

11,10 *Schilderei:* Gemälde.
wovor: für die.

11,14 *versagt:* versagen: zu etwas bestimmen, so dass es nicht mehr
verfügbar ist; hier: jemand anderem versprochen.

11,23 *Galerie:* Bildersaal.

11,24 *Studio:* Übungsstück, Studie.

11,31 *Porträte:* älterer Plural von *Porträt.*

11,35 *O des eifersüchtigen Künstlers!:* Der Genitiv neben Interjek-
tionen gab in älterer Sprache die Veranlassung des Ausrufs an;
hier also: »O der eifersüchtige Künstler!«

12,4 *wohlfeil:* billig.

12,7 *Murrkopf:* brummiger, unzufriedener Mensch.

12,12 *neidisch:* hier mit weiterer Bedeutung: den Gegenstand nur
sich und keinem anderen gönnend, eifersüchtig.

12,18 f. *war ... gewärtig:* erwartete.

12,30 f. *einkömmt:* einfällt, in den Sinn kommt.

12,31 *in gutem Ernste:* in vollem Ernst, aufrichtig.

12,32 *verschworen:* durch Eid versichern, dass etwas nicht sei, man
etwas nicht tun werde.

13,4 *Massa:* italienische Provinz in der Toscana.

13,5 *Händel:* Tun, Treiben, Angelegenheit.

13,10 *darf:* braucht.

13,21 *vermengen:* verwechseln.

13,27 *Beziehung:* Anspielung, Assoziation.

13,29 *melancholischsten:* traurigsten, schwermütigsten.

13,30 *Possen:* Unfug, närrisches Zeug.

14,8 f. *Ich soll ja noch hören:* Ich muss ja noch hören, habe noch
nicht gehört.

14,9 *versprochen:* verlobt.

14,16 *Larve:* hier: Gesicht.

14,17 *Witz:* hier u. ö.: Verstand, Geist.

14,24 f. *würdiger junger Mann:* ein junger Mann, der Wertschätzung
verdient.

14,26 *ihn mir verbinden:* ihn mir verpflichten, durch Ämter und
Ehren an den Hof fesseln.

14,27 *darauf denken:* überlegen, wie etwas zu erreichen ist.

14,31 *Piemont:* Landschaft in den italienischen Westalpen, Stamm-
land des späteren italienischen Königshauses.

14,33 *Missbündnis:* Missheirat, unpassende Heirat.

14,34 *der ersten Häuser:* der wichtigsten, vornehmsten Familien.

14,36–15,1 *Zeremoniell:* die Regeln des höfischen und gesellschaft-
lichen Umgangs.

15,8 *Zuverlässig:* Ganz bestimmt.

15,20 *Er:* indirekte Anredeform, früher ehrender als das alte »Ihr«,
nach dem Aufkommen des »Sie« bis gegen Ende des 19. Jh.s
gebräuchlich gegenüber Personen weniger vornehmen Standes.
Durch Verwendung des »Er« wird Marinelli vom Vertrauten wieder zum Untertan.

15,24 *Guastalla:* Ort am Po, nördlich von Parma.

16,15 *hämisch:* versteckt handelnd, heimtückisch.

16,16 *verhehlen dürfen:* haben verbergen können; vgl. Anm. zu
10,12.

16,25 *in die Seele der Orsina schwören:* in jemandes Seele schwören:
an seiner Stelle schwören.

16,26 *schweift:* schweifen: ziellos gehen, irren.
Fährte: Spur.

16,28 *betaueren:* veraltete Schreibung von *bedauern.*

17,1 *vertrauen:* anvertrauen.

17,10 *Raub der Wellen:* Bild des auf dem Meer herumgetriebenen
steuerlosen Schiffs, häufige Metapher für Leidenschaft.

17,31 *absehe:* erkennen kann.

17,34 *raten:* helfen.

18,1 *Streich:* Schlag, Schicksalsschlag.

18,5 *Lustschlosse:* im 15.–19. Jh. Schloss zum Vergnügen und zur Er-
holung auf dem Land.
Dosalo: richtig: Dosolo, am Po gelegen.

18,11 *Bedinge:* Bedingung.

18,21 *Pfeil:* Anspielung auf den Pfeil Amors.

18,29 *diese nämliche Stunde:* eben diese Stunde.

18,30 *Dominikanern:* Dominikaner: ein vom heiligen Dominikus
1216 in Toulouse gestifteter Mönchsorden.

19,7 *Dasmal:* Diesmal.

19,11 *Vorsprecherin:* Fürsprecherin.

19,15 *erbrochen:* geöffnet (vom Brechen des Siegels auf dem Brief).

19,16 *darauf zu verfügen:* daraufhin anzuordnen ist.

19,22 f. *die Ausfertigung … anstehen:* Der Prinz hat auf der Bittschrift seine Zustimmung vermerkt; die förmliche Ausstellung
der Bewilligung soll noch aufgeschoben werden.

20,1 *Anstand:* Aufschub.

20,4 *ein Mehres:* ein Weiteres, mehr.

Zweiter Aufzug

21,6 *sprengte:* hier: jagte, galoppierte.

21,16 *Wenn … anders:* Sofern.

21,23 *Unstreitig:* Zweifellos.

21,24 *Putze:* Schmuck, Kleidern usw.

22,3 *wann:* wenn; vgl. Anm. zu 28,29.

22,8 *zu verbitten:* durch Bitten abzuweisen, höflich abzuweisen.

22,23 *vogelfrei:* rechtlos; an den, der für vogelfrei und geächtet er-
klärt ist, darf jeder ungestraft Hand anlegen, sein Leib – daher die
Bezeichnung – wird den Vögeln als Aas freigegeben.

94 _Anmerkungen_

23,1 _Pisa:_ Hauptstadt der gleichnamigen toskanischen Provinz, am Arno.
23,8 _Pistolen:_ von Philipp II. eingeführte spanische Goldmünze, die von den übrigen europäischen Ländern nachgeprägt wurde.
23,11 _gleichviel:_ gleichgültig.
23,11 f. _wie hoch du deinen Kopf feil trägst:_ wie teuer du deinen Kopf verkaufst.
23,29 _wo:_ wenn.
23,30 _verziehest:_ verweilst, zögerst.
Anschlag: Plan, Absicht, Vorhaben (im 18. Jh. meist schon im negativen Sinn).
23,34 _Wenn:_ Wann; vgl. Anm. zu 28,29.
24,3 _Zeugen:_ Trauzeugen.
24,7 _Equipage:_ (frz.) herrschaftliche Kutsche.
24,10 _Vorreiter:_ ein Bedienter, der vorausreitet.
24,11 _handfesten:_ kräftigen.
24,22 _Wo:_ Wenn.
25,1 _einsprechen:_ vorsprechen, Besuch machen.
25,32 _auszustechen:_ ausstechen: einen Vorteil über jemanden erlangen; aus der Praxis des Turniers, später auch aufs Kartenspiel übertragen.
26,2 f. _aufsetzen:_ aufs Pferd steigen.
26,6 _verderbt:_ Lessing unterscheidet noch zwischen dem starken, intransitiven Verb (etwas verdirbt) und dem schwachen transitiven (jemand verderbt etwas).
26,7 _besorgest:_ fürchtest.
26,8 _Ich besorg auch so was!:_ Als wenn ich so etwas fürchtete!
26,14 _gnädig:_ herablassend, freundlich, leutselig.
26,28 _einbilde:_ vorstelle.
26,29 _Wollüstling:_ ausschweifender, lasterhafter Mensch.
27,3 _wenn anders:_ sofern.
27,29 _brünstiger:_ glühender, inbrünstiger; vgl. Anm. zu 70,8.
28,9 _mit eins:_ auf einmal, zusammenhängend.
28,29 _wann auch:_ wenn auch; die Formen _wann_ und _wenn_ konkurrieren noch bis ins 18. Jh. miteinander in beiden Bedeutungen, bis _wenn_ allein noch die aus der urspr. temporalen Bedeutung entwickelte konditionale Bedeutung vertritt.
28,31 f. _Das heilige Amt:_ Die heilige Messe (vgl. _Hochamt_).
28,33 f. _erlauben dürfen:_ vgl. Anm. zu 10,12.
29,17 f. _weder verhindern, noch vorhersehen können:_ vgl. Anm. zu 10,12.

29,27 *Halle:* Vorhalle der Kirche.

29,29 *standhalten:* aushalten, ertragen.

29,34 *fällt mir es noch bei:* fällt es mir noch ein.

30,11 *nicht ohne Missfallen:* Gemeint ist: nicht ohne Wohlgefallen.

30,20 *itzt:* veraltete Form von *jetzt.*

31,7 *nehmen:* benehmen.

31,12 f. *unbedeutende Sprache:* in der die Worte nichts bedeuten.

31,13 *Galanterie:* Artigkeit; modische Vollkommenheit bezeichnend, vor allem auch Höflichkeit gegen Damen bis hin zur Bedeutung ›Flirt‹.

31,25 *mit vor sich hin geschlagenen Augen:* mit gesenktem Blick.

31,27 f. *war mir Sie ... nicht vermutend:* vermutete Sie nicht.

31,31 *Aufwallung:* Gemütsbewegung, Gefühl.

31,33 *schwanger:* häufig in übertragener Bedeutung ›in sich bergend‹.

32,15 *ihn mir denke:* ihn mir vorstelle, an ihn denke.

32,20 *Ich urteile:* Ich meine.

33,5 f. *sich ... schickte:* passte.

33,6 *gram:* böse.

33,24 *wie sah ich:* wie sah ich aus.

33,29 f. *Kleid ... fliegend und frei:* fliegendes Gewand, leichtes Gewand.

33,33 f. *wie sie die Natur schlug: schlagen* verliert in einigen Wendungen seine eigentliche Bedeutung und wird zum bloßen Bewirkungswort (vgl. *Blumen in Papier schlagen*).

34,14 *argwohnen:* im 18. Jh. Nebenform zu *argwöhnen.*

34,17 *ausgelaufen:* Bild vom Schiff, das den Hafen verlässt.

34,19 *ehegestern:* vorgestern.

34,26 *schlechterdings:* einfach, unbedingt.

34,28 f. *ich sei es nicht schuldig:* ich sei dazu nicht verpflichtet.

35,19 f. *vorzüglichen Gnade:* besonderen Gnade, Gnade, die den Empfänger auszeichnet.

35,30 *ruhmredig:* prahlerisch.

36,13 *sein wollen:* vgl. Anm. zu 10,12.

36,26 *verbitten:* ausschlagen, ablehnen; vgl. Anm. zu 22,8.

37,4 f. *verzweifelt:* hier ähnlich wie »verdammt« zur Intensivierung einer Eigenschaft gebraucht.

37,17 *Vasall eines größern Herrn:* Appiani ist landfremder Adliger, nicht Untertan des Prinzen.

37,30 *Was beliebt?:* Wie bitte?

37,31 *sonach:* demnach.
37,32 *Zeremonie:* die Hochzeitsfeier.
38,4 *ein ganzer Affe:* ein richtiger Affe.
38,10 f. *ich fodere Genugtuung:* Marinelli fordert Appiani zum
    Duell; vgl. auch Anm. zu 5,13.
38,18 f. *Spaziergange:* umschreibend für Duell, das meist vor den
    Toren der Stadt ausgetragen wurde.
38,23 *Eilfter:* eilf: bis ins 18. Jh. für *elf.*
38,25 *Nichtswürdiger:* Verächtlicher, Erbärmlicher.
38,32 f. *hat mich des Ganges ... überhoben:* hat mir den Gang abge-
    nommen, hat ihn überflüssig gemacht.

Dritter Aufzug

40,11 *genommen:* benommen.
40,12 f. *gescheuter:* veraltete Form von *gescheiter.*
40,16 f. *in die Schanze schlagen:* aufs Spiel setzen; *Schanze* (vgl. frz.
    chance) ›Glückswurf, -spiel; Zufall‹.
40,17 *sahe:* veraltete Form von *sah.*
40,19 f. *in Harnisch zu jagen:* zu erzürnen, eigtl. ›in Kriegsbereit-
    schaft zu setzen‹; Harnisch: Brustpanzer, Rüstung.
41,1 *Nachdem es fällt:* Je nachdem.
41,17 *abgeredet:* vereinbart.
41,28 f. *stünd ich dafür:* dafür (ein)stehen: sich verbürgen.
41,33 *selbst funfziger:* zu fünfzig Leuten.
41,36 *eher:* schon früher, schon oft genug.
42,6 *eräugnen:* veraltete Form von *ereignen.*
42,21 *Anstalten:* Vorbereitungen, Anordnungen.
42,24 *hart an der Planke des Tiergartens:* dicht beim Bretterzaun
    des Tiergeheges (bei fürstlichen Landschlössern häufig zu Jagd-
    zwecken angelegt).
42,29 *Hülfe:* veraltete Form von *Hilfe.*
42,36 *Wornach:* veraltete Form von *wonach.*
43,1 f. *eine Maske:* ein Maskierter.
43,10 *muss Sie nicht sehen:* darf Sie nicht sehen.
43,16 *in jedem Schlage:* in jeder Wagentür.
    Bedienter: Diener.
43,17 *Streich:* Anschlag (vgl. frz. *coup*).
43,18 f. *gemächlich:* langsam.
43,20 f. *Endlich:* hier im Sinne von ›schließlich, allerdings‹.
43,21 *Schliche:* von *schleichen*; Schleichwege, Listen, Kniffe.

43,25 *Jawohl:* Tatsächlich.

43,28 *Kammerherr:* Titel für Edelleute am Hofe, vom Kammer- und Leibdienst bei einem Fürsten stammend.

43,32 f. *Wind gehabt haben:* davon erfahren haben; aus der Jägersprache: das Wild bekommt vom Jäger Wind, Witterung, der Wind bringt seiner feinen Nase den Geruch des Jägers zu und warnt es so.

43,33 *unbereitet:* unvorbereitet.

44,6 f. *das Bad mit bezahlen müssen:* nach der Redensart *etwas ausbaden müssen* ›die Folgen tragen‹, hier: mit dem Leben bezahlen; vgl. auch Anm. zu 10,12.

44,9 *ehrlichen:* redlichen, tüchtigen.

44,9 f. *Ob mir sein Tod schon:* Obschon mir sein Tod.

44,11 *Vierteil:* Vierter Teil, Viertel.

44,17 *Blitz!:* oft als Fluch oder Ausruf des Erstaunens gebraucht.

44,22 *Ihre Kundschaft:* einerseits die Gönnerschaft eines großen Herren, aber auch im geschäftlichen Sinn ›Sie als Kunden‹.

44,32 *Knicker:* Geizhals, von *knickern* ›knausern‹.

45,10 *dauren:* veraltete Form von *dauern.*

45,22 *das Vornehmste:* das Wichtigste.

46,27 *nach ihnen ausgehen:* sie suchen gehen.

47,3 *ohnfern:* unweit.

47,16 *Wirtschaftshäusern:* landwirtschaftlichen Gebäuden.

47,31 *floh:* eilte; die Formen von *fliehen* sind frühnhd. noch gelegentlich mit denen von *fliegen* vermischt; Letzteres bezeichnet oft eine schnelle Bewegung im Allgemeinen.

47,34 *nachsetzen:* verfolgen.

48,9 *Sie sind doch wohl?:* Ihnen geht es doch gut?

49,5 *genugsam:* Verstärkung von *genug.*

49,6 *Zufall:* Im 18. Jh., unter Einfluss von frz. *accident* ›unglücklicher Zufall‹, erhält *Zufall* geradezu die Bedeutung ›Unfall, Vorfall‹.

49,11 *endlichen:* endgültigen.

49,14 *abhangen:* abhängen.

50,18 *Das möchte noch sein:* Das ginge noch.

50,24 *so etwas von einer Schwiegermutter:* Zur legitimen Gemahlin wird der Prinz Emilia ja nicht erheben.

50,28 *innerhalb:* in den Kulissen.

51,5 *Unglücklicher:* Unglückseliger, Unglückbringender, bes. auch als Verwünschung.

51,26 *in herrschaftlichen Angelegenheiten:* in Angelegenheiten unter Personen von Stand.

52,23 *Ist es erhört:* Hat man je gehört.

53,10 *der Allerreinesten:* der Jungfrau Maria.

53,11 *Bubenstück:* gemeiner Streich.

53,15 *Kitzels:* Kitzel: Lust, Reiz, sinnliches Verlangen.
   Abschaum: eigtl. ›Schaum, der als etwas Unbrauchbares weggenommen wird‹, im übertragenen Sinn für ›Schlechtestes‹.

53,18 *Galle:* Die Ausscheidungen der Gallenblase und der Milz (die ›gelbe‹ bzw. die ›schwarze Galle‹) wurden als Ursache des Zorns bzw. eines schwermütigen Temperaments angesehen.
   Geifer: eigtl. der ausfließende Speichel; Wut, Zorn.

53,19 f. *Kuppler:* kuppeln (von lat. *copulare* ›verbinden‹): seit dem 14. Jh. in Bezug auf Ehe und Liebe gebraucht, später auf eigennützige Stiftung eines Ehe- oder Liebesverhältnisses eingeengt.

53,21 *schwärmen:* unvernünftig reden, verrückt sein; eigtl. ›sich als Schwarm bewegen‹, bezeichnet seit der Reformation sektiererisches Abirren von der rechten Lehre, dann auch einen Zustand, in dem die Gedanken von der Wirklichkeit entrückt sind.

Vierter Aufzug

54,7 *Licht:* Aufklärung.

55,5 *auf die Seele gebunden:* wie ›dringend ans Herz legen‹: mit Nachdruck bitten, sich einer Sache anzunehmen.

55,8 f. *Knall und Fall:* unvermittelt, plötzlich; so schnell, wie auf den Knall des Schusses der Fall des Wildes erfolgt.

55,14 *verwiesen:* einen Verweis erteilt.

55,16 *betreten:* veraltete Form von *ertappen.*

55,19 *bedungen:* bestimmt, verabredet.

55,21 *eräugnen:* vgl. Anm. zu 42,6.

55,27 *Vorstellung:* eine Überlegung, Darstellung, die auf die Meinung eines anderen wirken soll.

55,28 f. *ausgefodert:* zum Duell gefordert; vgl. auch Anm. zu 5,13.

56,28 *heilsames:* zweckdienliches.

56,36 *Ich will Rede!:* Ich will Auskunft, Rechtfertigung!

57,11 *Anstande:* Schicklichkeit, angemessenes Benehmen.

57,15 f. *voritzo:* vorerst, fürs erste.

57,18 *einfältig:* hier in der Grundbedeutung ›einfach, nicht zusammengesetzt‹.

57,28 *Traun!:* Wahrhaftig, in Treuen; zur Bekräftigung hinzugesetzt, von Luther gern gebraucht und von dort weiterwirkend.

58,13 *auf Kundschaft:* um auszukundschaften, zu spionieren.

58,17 *elenden Wortwechsel:* unbedeutenden, kleinen Wortwechsel.

59,6 *zu:* in.

59,7 *Augendiener:* Schmeichler.

60,2 f. *das Gequicke, das Gekreusche:* veraltete Formen von *Gequieke, Gekreische.*

60,9 *Hofgeschmeiß:* Geschmeiß: zu *schmeißen* ›beschmieren, Kot auswerfen‹, also eigtl. ›Kot‹; dann auch gebraucht von den Eiern, der Brut der Insekten, schließlich überhaupt von Ungeziefer und übertragen von Menschen.

60,15 *Schnickschnack:* Geschwätz, Possen; aus nordd. *snack* ›Gerede‹.

60,34 f. *ausgemacht:* klar, sicher.

61,26 *Frauenzimmer:* urspr. das Frauengemach; dann Kollektivbezeichnung für die Frauen, zuletzt (häufig herabsetzend): Frau. *ekel:* ekelhaft.

61,36 *ob wir ... gleich:* obwohl wir.

62,4 *Stock:* urspr. ›Baumstumpf‹; von daher die Bedeutung: unbeholfener, roher Mensch, ›Klotz‹.

62,14 *Vorsicht:* veraltet für: Vorsehung.

62,32 *unentschlüssig:* unschlüssig.

63,1 *quer über den Saal:* quer durch den Saal.

63,34–64,1 *von denen er sich keinen Augenblick abmüßigen kann:* von denen er unabkömmlich ist.

64,10 *hieher:* hierher.

64,16 *Unfall:* Unglück.

65,9 *steif:* fest, gerade.

65,17 *möchten:* könnten.

65,35 *Zuverlässig:* Tatsächlich.

66,8 *sich ... trollen müssen:* von dannen gehen müssen; vgl. auch Anm. zu 10,12.

66,18 *Vorsicht:* vgl. Anm. zu 62,14.

66,19 *um den Hals reden:* durch Reden riskieren, hingerichtet zu werden.

66,32 *Nun vollends!:* Das hat noch gefehlt!

67,17 *von wegen:* wegen; Kanzleisprache, heute auch noch umgangssprachlich.

67,28 *meine Schuldigkeit beobachte:* meine Pflicht tue.

67,29 *gemach:* langsam.
  deren: der Schuldigkeit.
68,8 *ins Wort:* ins Gespräch.
68,33 *Wahnwitzige:* Wahnsinnige; »Witz« hier in der urspr. Bedeutung ›Verstand‹; vgl. Anm. zu 14,17.
69,2 *leicht:* vielleicht (urspr. *vil leicht:* sehr leicht).
69,25 *beiher:* nebenbei.
69,33 *Schlaraffenleben:* Leben wie im Schlaraffenland, dem sagen-
  haften Land der Faulenzer, Genießer und Schlemmer.
70,8 *Inbrunst:* Brunst, Brand, Glut. In der Sprache der Mystik war
  »Inbrunst« die innere Glut des Menschen vor Gott, sein heißes
  Verlangen.
70,9 *abzureden:* zu verabreden.
70,16 f. *schäumet:* vor Zorn.
70,23 *Gewehr:* dichterisch für *Waffe.*
70,25 *Schubsäcke:* Taschen, in die man etwas ›hineinschiebt‹.
71,12 *um Ihre Tochter:* wegen Ihrer Tochter.
71,15 *Entzückung:* Ekstase, rauschhaften Verzückung.
  Phantasie: Traumgebilde, Phantasievorstellung.
71,17 *Bacchantinnen:* die trunkenen Begleiterinnen des Bacchus, des
  Gottes der Fruchtbarkeit, des Weines und des Rausches.
  Furien: Rachegöttinnen in der antiken Mythologie.
72,27 f. *sich findend:* sich fügend.

Fünfter Aufzug

74,6 *Arkade:* (von lat. *arcus* ›Bogen‹) offener, auf Säulen ruhender
  Bogengang.
74,15 *Durchlaucht:* eigtl. Partizipialbildung zu *durchleuchten*, also
  ›durchstrahlend‹. Seit dem 15. Jh. als Lehnübersetzung von lat.
  perillustris ›sehr angesehen‹ im Titel fürstlicher Personen gebräuchlich und im 16. Jh. substantiviert.
74,16 *Zufalle:* Unfall.
75,3 f. *Neidhart:* von mhd. *nît* ›Streit, Kampf‹, urspr. ›Haß‹, und
  hart ›stark‹, also ›der im Streit, in der Feindschaft Starke‹. Marinelli nennt Odoardo »Neidhart« im Hinblick auf seinen Wider-
  stand bei Sabionettas Erwerbung.
75,7 *aus dem Gesichte:* aus dem Blick.
75,19 *für Eifersucht:* vor Eifersucht.
75,24 *Deine Sache wird ein ganz anderer zu seiner machen!:* vgl.

Röm. 12,19: »Die Rache ist mein, ich will vergelten, spricht der Herr.«

75,27 *Eckel:* veraltete Form von *Ekel.*

75,28 *vergälle:* verbittere, verderbe den Genuss.

75,29 *gebüßet:* befriedigt.

76,31 *vors Erste:* fürs Erste, vorerst.

77,21 *plaudert:* schwätzt; plaudern: urspr. ›rauschen‹ (*pladdern*); erst im 19. Jh. setzt sich das Wort als Bezeichnung geselliger Konversation durch.

Hofschranze: Schranz, eigtl. ›Ritz, Spalte‹, wird im Spätmittelalter zur Bezeichnung für den modisch gekleideten Mann (der geschlitzte Kleider trägt); von daher die Bedeutung ›alberner Höfling‹.

78,8 *unanständig:* nicht dem Anstand entsprechend, hier: ungehörig.

78,9 *fodern:* vorladen, kommen lassen; vgl. auch Anm. zu 5,13.

78,18 *verkümmert:* verdorben, verkleinert.

79,6 *gegen Marinelli:* zu Marinelli gewandt.

79,8 *mitnichten:* keineswegs.

79,22 *bestellet:* ernannt.

80,6 *Buben:* Schurken.

80,14 *trotz Ihnen:* ebenso wie Sie; *trotz* kann auch im Sinne eines Wettbewerbs gebraucht werden.

80,15 *das gegründetste Vorurteil:* eine vorgefasste Meinung, die die stärksten Gründe für sich hat.

81,4 *verstatten:* zulassen, gestatten.

81,13 *darauf anzutragen:* zu fordern, den Antrag zu stellen.

81,17 *fein:* genau.

81,20 *schmeichelhaft:* schmeichelnd, schmeichlerisch.

81,31 f. *unbescholtene:* frei von öffentlichem Tadel; von veraltetem *beschelten.*

81,33 *alleranständigste:* angemessenste.

81,36 *würdigsten:* ehrenwertesten.

82,10 *Geck:* Narr (vgl. *Karnevalsgeck*).

Sibylle: Name weissagender Frauen in der Antike, deren berühmteste die römische Sibylle Amalthea war; hier bezogen auf die Gräfin Orsina.

82,29 *Freistatt der Tugend:* Ort, an dem die Tugend ungefährdet ist.

83,14 *verstünde:* einig wäre.

85,1 *Tone:* Lehm, Stoff.

85,6 *Gaukelspieles:* falschen, verlogenen Spiels.

85,34 f. *Nichts Schlimmers zu vermeiden:* Um etwas zu vermeiden, was nicht schlimmer war.

86,16 *Sie erriete:* Ihre Absicht erriete.

86,19–21 *Ehedem wohl gab es einen Vater … senkte:* Anspielung auf die von dem römischen Historiker Livius überlieferte Virginia-Geschichte, die den Stoff einer Vielzahl von Dramen bildet. – Der tyrannische Decemvir Appius Claudius hatte sich in die schöne Tochter des plebejischen Cohortenführers Lucius Virginius verliebt, konnte sie aber nicht gewinnen. Sein Schützling Marcus Claudius erklärte sie auf dem Forum zur Tochter einer seiner Sklavinnen und wollte sie als seine Sklavin verschleppen. Das wurde durch das Volk verhindert, bei dem der Vater und der Verlobte des Mädchens in hohem Ansehen standen. So zog man vor den Richterstuhl des Appius. Nur das Eintreten des Verlobten und der Unwille des Volkes schoben das Urteil bis zum Eintreffen des Vaters auf. Appius Claudius sprach am nächsten Tag ohne weitere Verhandlung Virginia dem Marcus Claudius zu, bewilligte aber dem Vater eine Befragung der Amme in Gegenwart seiner Tochter. Dieser führte die beiden beiseite, ergriff aus einer Metzgerbude ein Messer und erstach seine Tochter, indem er ausrief, dass dies das letzte Mittel sei, ihre Freiheit zu retten. Diese Ereignisse führten zum Sturz und Selbstmord von Appius Claudius (449 v. Chr.).

den ersten den besten: den erstbesten, den nächsten, der zur Hand war.

Gotthold Ephraim Lessing

IN RECLAMS UNIVERSAL-BIBLIOTHEK

Philipp Reclam jun. Stuttgart